目 录

| 法苑随笔 |

| 域外法制 |

| 身边法事 |

| 聊斋闲话 |

| 史海钩沉 |

| 书城夜话 |

大学教师应该讲什么

前不久，一家报纸调查了大学教师在讲台上的言说，然后就抛出了“大学教师应该讲什么”的话题。据说，该报的记者偷偷地旁听了一百个大学课堂，发现许多教师——特别是哲学社会科学的教师——都在课堂上“说中国坏话”。该报编辑部指出，此类言论与爱国主义相悖，对涉世未深的大学生形成价值观上的误导，呼吁全国高校老师不要抹黑中国。

我也是大学教师。我不知道全国的大学教师都在课堂上讲什么，但我感觉这样的指责似有偏颇。我是研究证据法学的，因此在面对事实主张时便要查看证据。该编辑部的说法也是一项事实主张，即很多大学教师都在“说中国坏话”，而且其宣称以一百个大学课堂为依据，但可惜没有披露具体内容。这就好像在司法调查中，一方声称有一百个证据，但是不提供这些证据的具体内容。这样的事实主张是不能被支持的，或者说，是没有被证明的。我不是新闻调查的专家，但我相信新闻调查的结论也需要确实充分的证据支撑。

大学教师应该讲什么？毫无疑问，大学教师在课堂上的主要任务是讲授相关学科的知识和技能，但是也会讲到——包括批判性讲述——我们的国家和社会，特别是哲学社会科学的教师，因为这往往就是其研究的内容。例如，我主持过刑事错案问题研究，就常在课堂上讲述中国的错案，还专门讲过“我国刑事司法的十大误区”；我一直关注中国的反腐败问题，也在课堂上讲过中国腐败问题的现状，还分析过一些典型案例。诚然，这些内容都是负面的，但是能说我在“说中国坏话”吗？其实，我不仅给大学生讲这些问题，还曾经多次给法官、检察官、警察、律师以及各级领导干部讲过这些问题。

难道大学教师只能在课堂上用美丽的语言去粉饰太平或歌功颂德，只能在课堂上讲那些套话、官话以及连自己都不信的假话吗？倘若大学课堂变成这样的场所，那中国就不再有真正的大学！因为，大学之根基就在于真理之求索，思想之独立，言说之自由。我以为，大学教师应该讲真话，至少是自己相信的话。

何家弘

写于北京世纪城痴醒斋

主　管　山东出版传媒股份有限公司
出　版　山东人民出版社
编　辑　《法学家茶座》编辑部

主　编　何家弘
副主编　廖　明　张君周
主编助理　杨锦璈　张　晶　何　然

责任编辑　麻素光

投稿邮箱　fxjchazuo@126.com
网　址　http：//www.sd-book.com.cn
社　址　济南市胜利大街 39 号
邮　编　250001
编辑部电话　0531-82098903
购书电话　0531-82098021
邮发代号　24-193

图书在版编目（CIP）数据
法学家茶座．第 44 辑 / 何家弘主编
济南：山东人民出版社，2014.12
ISBN 978-7-209-08783-4
I. ①法… Ⅱ．①何… Ⅲ．①法学—文集 Ⅳ．① D90-53
中国版本图书馆 CIP 数据核字（2014）第 290648 号

山东临沂新华印刷物流集团印装
16 开本（172 × 232 毫米） 10 印张 160 千字
2014 年 12 月第 1 版　2014 年 12 月第 1 次印刷
定价：18.00 元

重视发挥宪法在推进国家治理现代化中的重要作用

任 进*

党的十八届三中全会《决定》指出，宪法是保证党和国家兴旺发达、长治久安的根本法，具有最高权威；全面深化改革的总目标是完善和发展中国特色社会主义制度，推进国家治理体系和治理能力现代化。四中全会《决定》强调，依法治国是坚持和发展中国特色社会主义的本质要求和重要保障，是实现国家治理体系和治理能力现代化的必然要求。这要求我们要更加重视发挥宪法在推进国家治理体系现代化中的重要作用。

所谓国家治理，就是在党的领导下，人民依照宪法和法律规定，通过各种途径和形式，管理国家事务，管理经济和文化事业，管理社会事务；所谓“国家治理体系”，是“在党领导下管理国家的制度体系，包括经济、政治、文化、社会、生态文明和党的建设等各领域体制机制、法律法规安排，也就是一整套紧密相连、相互协调的国家制度”。这一全面深化改革总目标的确立，突出了改革的系统性、整体性和协同性。

“国家治理”不完全等同于西方政治学上的“治理”（Governance）。一般认为，“治理”（Governance）概念源于古希腊语中的“κυβερν”一词，具有控制、引导和操纵之意。20世纪90年代，西方学者采用“治理”一词，强调多元主体、多中心治理，并且主张社会自治以及社会组织与政府的共治。全球治理委员会1995年发表的一份题为《我们的全球伙伴关系》的研究报告，对治理作出了如下界定：“治理是各种公共的或私人的机构管理其共同事务的诸多方式的总和。它是使相互冲突的或不同的利益得以调和并且采取联合行动的持续的过程。”1998年，英国学者格里·斯托克

---

* 作者为国家行政学院法学部教授。

（Gerry Stoker）对流行的各种治理概念作了一番梳理后指出，对作为一种理论的治理，其要义是指一系列来自政府，但又不限于政府的社会公共机构和行为者的复杂体系。

中国传统文化中没有西方现代意义上的“治理”概念，中国的“治理”一般是指统治者“治国理政”即治理国家和处理政务的意思。

十八届三中全会《决定》对于“治理”概念的运用，坚持将党的领导、人民当家作主和依法治国有机结合起来，既汲取了中国传统文化治国理政的有益精神，又扬弃性地吸收了西方“治理”概念的合理内涵，实质上是对邓小平治国理政战略思想的继承和发扬，是对党领导人民科学有效治理国家的科学概括和理论阐述。

推进国家治理体系现代化，需要全面贯彻落实依法治国基本方略，特别是要重视宪法的作用。因为宪法具有最高的法律地位、法律权威、法律效力，具有根本性、全局性、稳定性、长期性。

依法治国，首先是依宪治国。这是因为，法治有形式意义的法治和实质意义的法治的区分。法治在形式意义上，是指依法律制约国家权力，强调“法律之治”；在实质意义上，则是指依宪法制约国家权力，强调“宪法之治”。与以往的依法治国（行政法国家）的形式主义法治国家理念相比，这种依宪治国（宪法国家）的实质主义法治国家理念，不仅要求依法行政，还强调依宪行政，并将监督制约对象从行政权扩及立法权和其他公权力，切实有效保障公共利益、公民基本权利和社会秩序，从而奠定了依宪治国的理论基础。

当前，我国正处于全面建成小康社会的决定性阶段和全面深化改革的攻坚期，需要综合考虑人民根本利益、现阶段公众共同利益和不同群体特殊利益的关系，寻求一个最大公约数，来凝聚社会共识、协调利益关系，这个最大公约数就是宪法。

按照文明发展可以分为器物层面、制度层面和精神文化层面的观点，过去我们说的现代化，主要是一种器物层面的现代化，而新目标是从国家层面提出的涉及整个国家体制的综合意义的现代化，是检验一个国家基本制度是否比较完善、比较定型的重要标志。只有依法进行国家治理特别是依宪法进行国家治理，才能从根本上推进国家治理体系的现代化。

依法执政，首先是依宪执政。因为宪法确立了党的历史作用和领导地位，体现了立党为公、执政为民的执政理念，坚持依宪执政，才能彰显中国共产党执政的宪法底蕴和合宪性基础。新形势下，中国共产党要履行好执政兴国的重大职责，必须依据党章从严治党、依据宪法治国理政。要把党领导人民制定、实施宪法和党在宪法范围内活动统一于国家治理中，更好发挥党领导立法、保证执法、带头守法的职能作用。

根据四中全会《决定》，要加强宪法实施和宪法监督制度、加强全国人大及其常委会宪法监督制度，并设立国家宪法日和建立公职人员宪法宣誓制度。这表明，当我国全面建成小康社会进入决定性阶段、全面深化改革步入攻坚期之时，全面贯彻实施宪法，已经提升到与发展、改革同样“全面”的高度。在推进国家治理体系现代化中重视宪法的作用，注重宪法实施和宪法监督，并运用宪法思维谋划改革、推动发展，我国全面贯彻实施宪法将提高到一个新的水平，国家治理体系现代化有望得到实现。

十八届四中全会《决定》的特殊历史意蕴

莫于川 *

2014 年 10 月党的十八届四中全会通过《决定》，提出了对全面推进依法治国具有重要意义的 6 项重大任务、180 多项改革举措；而在此之前的 2013 年 11 月，十八届三中全会通过深化改革《决定》，提出了对于全面深化改革具有重要意义的 15 个领域的 60 项重大任务、300 多项改革举措。要部署好、落实好、督办好这些举措，应当知晓推出这些举措的背景原因。

例如，为何中央要在一年时间里先后推出两个内容重合度较高、改革举措很多的纲领性文献？一般的说法是，十八届三中全会决定对全面深化改革提出了奋斗目标、作出了顶层设计，要实现这个奋斗目标、落实这个顶层设计，需要对这个顶层设计提供依托，从法治上提供制度化方案予以保障，于是就出台了十八届四中全会《决定》。但是，如果阅读习近平总书记在十八大以来的多次重要讲话及其在十八届四中全会上就这个《决定》所作的长达 1 万字的专题说明，再结合既往改革历史经验加以分析，可以看到中共中央配套地出台这两个纲领性文献，在中共党史和新中国历史上是罕见的，或许有着更丰富的考量和更深远的意蕴。

经过文本分析可以看到，十八届三中全会《决定》共 16 个部分，在第一部分提出全面深化改革的指导思想和总目标的基础上，其他部分提出了 15 个方面的深化改革任务，它是以经济体制改革为中心和重点，包括经济、政治、行政、法治、社会、生态、军队、党的领导等各领域的全面论述；十八届四中全会《决定》共 7 个部分，在第一部分提出全面推进依法治国的指导思想和总目标、基本原则的基础上，其他部分提出了 6 个方面的重

---

* 作者为中国人民大学法学院教授。

大任务，对科学立法、严格执法、公正司法、全民守法、队伍建设、党的领导等六个方面作出了全面部署。

在此追问一句：如果说十八届三中全会《决定》是以经济体制改革为主，那么十八届四中全会《决定》以什么为主？笔者认为是以政治体制改革为主，但以法治体系建设为基本内容和基本外观。这是因为，十八届四中全会《决定》形式上虽然是以建设法治国家和法治体系为基本命题，但实际上最核心、最关键的部分是政治体制改革有关内容。例如，提出要依宪执政，要理顺党的领导与立法决策的关系，要健全执政党提出修宪建议的机制，要建立修改法律的报告制，要形成人大主导立法制度，要建立健全重大决策终身责任追究制度和责任倒查机制，要从各层次、各方面加强和改进党对全面推进依法治国的领导等等[1]。此外还在党的领导部分纳入了国防和军队建设法治化，依法保障一国两制实践，加强涉外法制建设等等，这些都是体现加强和改进党的领导、推进政治体制改革意涵的重大举措。当然，笔者认为四中全会《决定》是以政治体制改革为核心要素，以法制革新和法治建设为基本形态的重要文献，这里所说的政治体制改革，是指那些已有足够社会共识、主客观条件比较成熟、政治风险可控而被纳入《决定》的改革举措，而社会共识不足、主客观条件不成熟、政治风险太大的内容显然并未纳入，实际上也无法纳入。

进行历史比较，可以深化认识。配套地推出以经济体制改革为主体和以政治体制改革为关键的这两个纲领性文献，为经济、政治、社会、文化、环境、法制发展确立战略方针和制度安排，以此开启并指导一个新时代，这种做法在我国30多年前曾出现过，那时的做法与现在的做法颇有类似之处，但又不尽相同。

在结束十年“文革”、经历两年徘徊之后，1978年12月党的十一届三中全会作出重大决策，开启了我国的经济体制改革进程。当时，一些改革

[1] 十八届四中全会《决定》提出的第六项重大任务中，专门规定了党政主要负责人承担推进法治建设第一责任人的职责，各级人大、政协、一府两院的党组织要承担领导和监督本单位模范守法执法的职责，要长期坚持政法委员会的组织形式并限定履行六项职能，要把法治建设成效作为工作实绩的重要内容纳入政绩考核指标体系，要发挥基层党组织在全面推进依法治国中的战斗堡垒作用等等，意在通过数十项具体的改革举措，从宏观、中观、微观层次，从各类组织机构的有关职责，来加强和改进党对全面推进依法治国的领导。

探索举措在基层陆续推出，例如农村的包产到户、城市工厂的承包制，并迅速见到实效。这是因为，此前农村是吃大锅饭（虽有个别地方有土地承包责任制但都是偷着干的），农民出工不出力，农业生产水平很低；此前工厂没有独立的经济地位和利益追求，也缺乏积极性。改革之后，农村和工厂都迸发出经济活力，这带来很大启发。但这时争论也非常多、非常大，一些人怀疑这些改革举措是否走错了道路，还有一些人不知道究竟应当采取什么改革举措以及如何实施改革举措，故急切需要高层给予指导。

经过几年的改革探索，到了系统解决改革开放道路怎么走的时候，中共中央作出一个安排，就是在十二届三中全会颁布了《中共中央关于经济体制改革的决定》，这个《决定》出来之后对于如何系统地推进经济体制改革，发挥了非常好的引领和指导作用，并很快收到成效。改革走在路上。

虽然当时就明确了，经济改革的核心是企业改革，但在企业改革过程中发现，企业与政府机关的关系，就是我们经常讲的政企关系，没有且很难理顺，千千万万的企业都貌似政府机关的附庸、马仔、跟班，一切听命于政府机关，无法追求自己的正当利益和发展愿望，应有的权利不能很好地行使和保障，无法成为独立的市场主体，其活力也就不能充分释放出来，大大制约了经济发展。因此产生了配套推行政治体制改革（包括行政管理体制改革），调整和完善政企关系（包括政事、政市、政社、政民关系）的紧迫需求。在实践中逐渐显露出的深层次的经政体制矛盾，需要通过政治体制改革来解决，这在党内外逐渐形成共识，特别是邓小平同志从1980年开始就一直强调要高度重视、配套推进政治体制改革，于是在党的十三大之后高层就作出尽快出台政治体制改革决定，系统配套地进行经政改革的重大决策。

此项调研起草工作启动后，成立了30个调研组，确定了10个大类的调研题目，每3个组完成1个调研题目，合并形成10个报告，还拟在此基础上加上1个序言，最后形成1序10章的决定。[1]但其未及出台，就遇到一些重大事件冲击，包括由于“价格双轨制”产生的“官倒”等腐败现象

[1] 当时笔者在重庆市工作，由组织安排参加了其中一个调研组，调研题目是“改革一切以行政级别划线的弊端，理顺政企、政事、政社、政民关系”，也即改革“官本位制”的现象，记得调研报告当时已完成提交。

引起的众多学潮[1]，某些内部矛盾扯皮，某些境外势力干涉等等，最终酿成 1989 年春夏之交的政治风波，随后是三年徘徊、停滞、倒退，已然缺乏推出重大改革举措所必需的主客观条件和国内外环境。于是拟出台的这个政治体制改革决定流产了，配套地系统推进经政改革的构想落空，经政体制不协调的深层矛盾长期存在并制约着经济社会发展。

也许人们会有一个疑问：既然需要政经关系平衡，经济才能协调发展，而在当时的特殊情形下，政治改革决定未能推出，经政关系没理顺、不平衡，为什么仍能实现经济快速发展多年？对此，我的看法是：尽管准备中的政治体制改革决定草稿因故没能推出，但幸而此后随着形势发展和实际工作急需，该决定草稿中设计的社会振动程度较低、社会共识较高、相关条件已较成熟的政治体制改革举措，后来也被动、零星、分散、局限或降低难度地先后推出一些。例如，决定草稿中构想的改变实际存在的终身制，重大决策的政治协商制度，改革官本位制，重大责任事故追究制度，公务员制度，领导干部任期审计制，政府信息公开制度，行政复议、行政诉讼、国家赔偿、行政补偿等多种民告官制度，以及比较系统的社会管理体制改革、文化管理体制改革，后来也被动、分步推出（尽管这些制度创新力度和运行成效可能不尽如人意且曾出现倒退），这就使得政治、行政、文化、环境、法制的民主性有所增强，与民主品格的市场经济体制的相互关系调整要求有所呼应，上层建筑与经济基础的矛盾有所调控。简言之，推出的上述政改举措降低了经政张力、缓解了体制矛盾，使得约束生产力发展的若干制约因素得到化解，使我国得以保持长期的快速经济增长，保证经济改革和发展成效得以持续显现，我国的经济增长体系顽强、艰难地走到了今天，开创了改革开放时代，邓小平同志也被公认为长达 30 多年的改革开放时代的总设计师。

时至今日，在政经张力越来越大、社会忍受力越来越小的情况下，再靠零敲碎打、仓促被动地推出经济、政治、行政、文化、社会、环境、法

[1]“价格双轨制”是指，改革初期并存着物资的计划价格、指导价格、市场价格，每年产生大约 2000 亿元的“价差”。这是一笔近乎天文数字的巨额财富，其中相当一部分被“官倒”（指有高官家庭背景关系的一些皮包公司老板倒卖物资审批文件）瓜分了，在我国一下子冒出了许多百万、千万富翁，于是抗议此种腐败现象、旨在“反对官倒”的学潮高涨，整个社会的政治热度越来越高，社会风险越来越大。

制的改革举措勉强应对的做法可能难以为继了，继续前行已极为困难，实践呼唤着科学顶层设计的系统配套改革，通过体制创新、机制创新、方法创新走出新的发展道路。

在我国社会深入转型发展的今天，容易改的早已改过了，剩下的都是难啃的体制硬骨头，故需系统配套的战略方针和改革方案给予高效率、强有力的指导推动，这就是配套推出的以经济体制改革为主干的十八届三中全会《决定》和以政治体制改革为关键的十八届四中全会《决定》。而十八届四中全会《决定》选择了最稳定、可预期的法治体系建设形式，实际上是关键性地确定和推出了最必要、最稳健的政治体制改革举措。配套推出这两个纲领性文献，或许是为正在开启、期盼到来的深化改革、稳健发展的新时代提供系统、明确、细致的指导方针和战略安排，从中可见习近平同志为总书记的党中央在深入转型发展、稳健走向新常态的新形势下如何全面推进改革发展的基本考量和方法论选择，而习近平同志也因此或将被公认为深化改革开放时代的新设计师。这是笔者对十八届四中全会《决定》特殊意蕴的一种解读。

我为何建议国家设立宪法节[1]

侯欣一 *

自2008年起，作为全国政协委员和法律学人，几乎在每年的全国“两会”上，我都会向全国政协提交同样一份提案，即建议国家设立“宪法节”，2014年依然如此。在各种节日多如牛毛的今天，为什么我还固执地做着同样一件事情？而且，设立宪法节真的如此重要吗？许多人可能不以为然。但我却不这样认为。

一、提案之缘起

之所以会反复提这样一个提案，主要是基于平时对如何进一步推动依法治国方略实施的考虑和对中国法治现状的担忧。作为一名法学教师，一名现代法治的拥护者，自己的本职工作就是鼓吹和推动社会主义法治国家在中国的早日实现。但众所周知，中国是一个人治历史十分久远的国家，即使是在中华人民共和国成立后的前三十年也主要搞的是人治，并给国家和民族造成了极大的灾难，直到上个世纪末才通过宪法修正案将法治作为治国的方略最终确定下来。然而，从依法治国的方略被写入执政党的《党章》和《中华人民共和国宪法》，十多年过去了，宪法中规定的一些基本原则还无法实现，不能不让人担忧。

人类的历史已经表明，世界各国发展经济的办法可能有多种方式，但

[1] 2014年11月1日十二届全国人大常委会第十一次会议经表决通过了全国人大常委会关于设立国家宪法日的决定，设立每年12月4日为国家宪法日。本文写于国家宪法日确立之前，行文措辞在此不再更改，借以记录我国宪法的发展历程。

* 作者为南开大学法学院教授，第十一届、十二届全国政协委员。

要想做到国家的长治久安，特别是对于一个结构复杂的现代国家来说，办法只有一个，那就是实行法治。而大凡对法治和中国历史稍有了解的人都会知道，要使依法治国的方略在我国真正落实，首先要做的，当然也是最为迫切的，就是在全社会树立起宪法的权威，不允许对宪法权威的伤害，并使已经制定的宪法得以良好地实施。

这是因为：对于一个法治国家来说，宪法是国家的根本大法，所有公共权力都必须源于宪法，以此才能防止公共权力的滥用，保证国家政治生活的安定有序；宪法是国家法律体系的“调控者”，承担着纠正立法机关立法错误的任务，它不仅控制着一国之内法律体系的逻辑统一，还要求宪法之外的任何法律法规都必须符合自己的精神；宪法是公民权利的保障书，在成文宪法国家里，宪法对公民的基本权利作出明确的规定，确保人民在自然状态下无法实现的福祉借助公共权力得以实现。宪法的这些特性决定了其在现代法治国家的法律体系中处于至高无上的地位，任何组织和个人都必须以宪法为根本的活动准则，违背宪法必须承担相应的法律后果。正是从这种意义上讲，我们说依法治国就是依宪法治国，依法治国方略的落实状况与宪法的实施之间存在着最为直接的因果关系。

但令人遗憾的是，由于众所周知的原因，我国公民、特别是某些领导干部的宪法观念、尊重宪法的意识与依法治国的要求尚有较大的距离。尽管在最近一二十年里国家为了提升公民的宪法意识，做了一些工作，如由国家出面组织的“一五”“二五”普法活动均把普及宪法知识作为普法的中心或核心，但这些工作以及工作方式尚未从根本上扭转整个社会对宪法的忽视，其结果不仅是宪法的精神在公民的头脑中无法扎根，宪法的权威地位在全社会、在国家政治生活中还没有完全树立起来，而且很大程度上制约着依法治国方略的进一步推行。这突出表现在：

第一，宪法知识的普及程度仍然有限，许多人对宪法的理解还更多地停留在国家制度层面，较少将其与自己的现实生活、现实利益联系起来；

第二，整个社会对宪法以及宪法所包含的法治精神，对民主、平等、自由等观念认同不够，权力崇拜现象突出；

第三，违宪审查制度尚未完全建立，宪法对整个法律体系的调控功能无法发挥，不仅使现有的法律法规无法形成有机的整体，统一的法律秩序也难以形成；

第四，宪法的作用还主要在于宣示，尚未形成为国家政治生活的准则、司法活动的基础，宪法的条文没有成为司法判断的基本准则；

第五，宪法实施状况较差，除四项基本原则等少数原则或条文，相当多的条文未能得到有效实施或被束之高阁，导致现实生活中违宪不违法的情况时有发生。

这些现象和问题警示着我们，要想真正在全社会树立起宪法的权威，我们还有很多工作要做，特别是需要进行制度创新。而设立“宪法节”无疑就属于制度创新之一，当然，更为重要的创新是违宪审查制度的建立。设立宪法节，其实也包括有关宪法节是否需要设立的讨论过程，都足以成为提升全社会重视宪法意识的一个有力的契机。

二、提案之内容

第一，设定方式。由全国人大或人大常委会以决议的方式正式将一年中的某一天确定为“宪法节”，也就是说将宪法节列为国家法定的节日。

第二，具体时间。在时间方面，我个人倾向于将“宪法节”定于每年的 9 月 20 日。首先 9 月 20 日是中华人民共和国第一部宪法“五四宪法”的通过日。一个国家的宪政建设和宪政走向与其第一部宪法关系极为密切，是一个国家宪政建设的源头。其次我国的国庆日是 10 月 1 日，如将宪法节设定于 9 月 20 日，时间上与国庆日相近，刚好构成了一个完整的有关国家纪念节日链，这对于强化国家观念和爱国意识也是一个不错的选择。再有先纪念宪法的颁布，再纪念共和国的建立，先制宪，再开国，这种时间上的安排，也正好暗合了现代法治国家建立的政治逻辑，这对于提高宪法的权威地位和民众法治意识是最好不过的。当然，如果以现行宪法颁布的时间 12 月 4 日为宪法节，也是一个可以接受的选择。

第三，节日的内容。国家领导人公开发表电视讲话或撰写文章，以示对宪法的尊重和捍卫；由国家出面举办各种大规模的、内容丰富多彩的宪法宣传与教育活动；评选当年度的宪法案件和宪法人物；建立宪法博物馆；全民休假等。

三、意义及余音

我知道，仅仅设立一个宪法节不可能解决中国体制性的深层次问题，但我们不能因为善小而不为。在我看来，设立“宪法节”的意义大致有四：

第一，在短时期内增强民众对法治的信心。全面推动依法治国方略的实施，加快法治国家的建立，是执政党十八大提出的明确要求，但由于种种原因，这一要求能否实现，许多人心中是心存疑问的，甚至有不少人信心不足，现实生活中我们也确实看到依法治国的进一步推动正在陷入一种瓶颈状况。在这样的关键时期，如能通过设立宪法节这种标志性的活动，增强社会各界对法治的信心，是十分重要的。不仅如此，它还可以提升整个社会的民主意识和法治观念。宪法与民主、法治密不可分，一个国家民众的民主精神和法治意识决定着一个国家法治建设的深度和广度。中国公民民主、法治意识不够，极大地制约着法治建设，是一个不容忽视的问题，必须对此加以高度重视。如果设立“宪法节”，可以努力使宪法及宪法所包涵的价值——民主、法治、平等、自由等形成全社会的核心价值理念。

第二，普及宪法知识，培养宪法意识，养成尊重宪法的习惯。宪法的生命和力量源泉在民众心里，公民的宪法意识也是宪法得以实施和实现的根本保证。通过每年一度的“宪法节”普及宪法知识，特别是将宪法节列为法定的节假日，可以使宪法为广大民众所熟悉、掌握，更加关注宪法，进而发展到遵守和运用宪法。

第三，促使整个社会在宪法基础上达成共识。目前国内各阶层之间利益和诉求多元与多样，左、右各种观点及言论较为对立，社会矛盾尖锐，极大地制约着下一步的改革，如果通过设立宪法节或通过是否设立宪法节的讨论，增强大家的宪法意识，明白一个最简单的道理，利益多元，观点对立及交锋都不可怕，只要大家都能以宪法为底线和原则，国家就不会出现大的动荡或分裂，那么继续深化改革的阻力就会减少。

第四，培养新的法律文化。宪法节属于法律文化层面的制度建设。中国传统文化中人治的精神多，法治精神方面的少，因而整个社会缺乏对法治的认同。设立宪法节，再经过多年的努力，对于培养爱法、尊法、守法的新法律文化也是一个不错的选择。

第五，提升国际形象。设立“宪法节”是国际社会的一种较为普遍的做法。据不完全统计，目前世界上已有20多个国家设有“宪法节”之类的节日，这些节日的设定对于普及宪法知识、提高宪法意识和民主观念均收到了较好的效果。俄罗斯独立后，为改变苏联时期忽视宪法的弊端，抓住机会确定以每年的12月12日为国家的“宪法节”，经过数年努力，俄罗斯社会的宪法意识已有显著的提高。

对于国家的政治生活来说，设立宪法节无疑是一个重大的决策，因而此提案到目前为止尚未被决策者接受。但提案提出后，也在一定的范围内引起了反响，《光明日报》率先对此作了报道，《新京报》发表了专门社论，阐发了设立宪法节的意义，《北京日报》又专门邀请我撰写文章，进一步深化主题。可以说社会各界反应良好，已在一定程度上引发了一部分民众对宪法和依法治国方略的重视。因而，从某种意义上讲，提案所要达到的目的正在得以实现。

法治中国命题的三重维度

王　旭*

一

党的十八届四中全会描绘了一幅关涉法治中国的理念、制度、技术的蓝图，涉及全面推进依法治国的总目标、总抓手、基本原则和重大任务。显然，这是执政党在新的历史发展关口作出的一项事关国家治理秩序调整的重大、崭新战略部署。这项部署来之不易，令人百感交集，然而，它蕴含的时代思考与政治判断更值得我们反复体会和发掘，并以此重构我们对于今后中国法治治理秩序的价值想象和制度操作。

如何理解这样一个蓝图包含的巨大信息？我想至少可以分解为历史的、实践的、传统的三重维度。

二

“法治中国”首先是一项历史的命题，自有其历史方位。

要正确、全面、深刻理解“法治中国”命题，首先必须有一种文明与思想的连续性眼光，即不能割裂这个命题与改革开放以来中国共产党对于法治文明理解与论证的传统脉络与内在理路，必须动态地、历史地把握公报所阐发的命题在中国当代法治治理中的逻辑传承与价值发展：它既与历史成就一脉相承，又是在国情、党情、世情发生变化的条件下思考的深入与延长。古人讲“理与势”的结合，“理”在“势”中，看不清历史演变

* 作者为中国人民大学法学院副教授。

与大势的虚无主义最终会将我们的法治事业引入没有根基的实用主义而再次陷入历史的徘徊。

改革开放以来，中国共产党对法治问题的认识发生了三次飞跃，产生了三大标志性的成果。1978 年，党的十一届三中全会提出“必须加强社会主义法制”，标志着告别人治、厉行法制的认识飞跃，产生了“有法可依、有法必依、执法必严、违法必依”的法制建设十六字方针这一标志成果；1997 年，党的十五大在法制建设基础上提出“依法治国，建设社会主义法治国家”，标志着“从法制到法治，从以法治国到依法治国”的认识飞跃，产生了“坚持党的领导、依法治国与人民当家作主三者有机统一”的基本方略这一全新成果；十八届四中全会在十八大以来关于法治问题认识上，更进一步跳出了“国家与社会”的简单二元划分，实现了从单向度“依法治国”话语向复合、均衡的法治话语的认识飞跃，产生了“依法执政、依法治国、依法行政共同推进，法治国家、法治政府、法治社会一体建设”重大成果，提出了“形成完备的法律规范体系、高效的法治实施体系、严格的法治监督体系、有力的法治保障体系，形成完善的党内法规体系”五大法治操作体系。

这三次认识飞跃内在思路一脉相承，其中有一条深刻的思考轨迹清晰可见：法治的功能从主权结构的规范化转变为治权结构的规范化。在第一、二个阶段，法治主要解决人民（民主）与代表，也就是主权者与主权代表者之间的关系，法治更多是加强社会主义民主的有力保障，最终实现“党的领导、人民当家作主和依法治国”的主权者与其代表者的均衡结构。然而，“党如何领导人民实现依法治国”这个问题需要在历史的延长线上进一步思考，依法治国的具体操作究竟包含哪些方面和要素，国家、政府、社会如何在法治的框架下互动，这就需要提出一种新的均衡法治观，也就是立足于具体治理、操作的规范框架。可以说如何实现这种法治的可操作化、具体化就是历史留给我们的下一步任务。

三

由此，我们可以看到，“法治中国”还是一项实践的命题，《决定》中蕴含着特定的实践逻辑。

这种实践逻辑首先体现为一种任务变化的实践本质。以社会契约论为主要思想基础的西方法治道路及理论更多关心的是主权结构法治化的问题，但“娜拉出走”之后的问题，民主化之后的问题，如何有效实现不同层次的国家治理，法律如何成为国家内部连缀不同文明类型、实现利益平衡与价值整合的有效载体，却是当代中国实践提出的问题。十八届四中全会《公报》清醒地揭示了法治在当代中国的意义：“更好统筹社会力量、平衡社会利益、调节社会关系、规范社会行为，使我国社会在深刻变革中既生机勃勃又井然有序，实现经济发展、政治清明、文化昌盛、社会公正、生态良好，实现我国和平发展的战略目标，必须更好发挥法治的引领和规范作用。”也就是说，民主国家内部的治理秩序本身仍然是极其复杂的，深刻变革期的实践更需要法治的基础性作用，法治中国必然要建立更加具体和复杂的治理层次与治理体系。

这种实践逻辑其次体现为一种任务的分解实践。从法治实践的基本层次与自身体系来看，公报将法治分为国家、政府与社会三个层次，强调这三个层次中执政党、政府与公民共同纳入法治的框架，接受法治的约束；将各个层次共同面临的法治任务按照法治实践的环节分解为完备的立法规范、高效的法治实施、严格的法治监督和有力的法治保障。更重要的是，提出完善的党内法规体系，为“国法”与“党法”建立起共同的价值与制度平台，实现了新的基础规范之上的整全法治体系。

这种实践逻辑最后体现为一种问题的回答实践。不同的实践阶段有不同的问题需要实践者来回答。“法治中国”命题没有回避今天这个时刻需要它回答的问题。例如，宪法权威如何通过一种更有效的实施监督机制得以树立？早在82宪法修改的年代，这一问题就进入过决策者的思考视野，但历史的因缘一直没有成熟；今天《公报》明确要建立“完善的全国人大及其常委会监督宪法实施制度”，“完善宪法解释程序机制”，话语简洁，但力透纸背，可谓是《公报》对实践问题最有担当的回答。建立领导干部干预司法个案的通报、登记、追责制度，探索建立最高人民法院的派出法庭，建立法检的跨行政区域设计等等，则更是直指权力意志作为人治的本质在这个时代对法治的现实干扰，个个都是硬骨头，但个个又都在法治中国的蓝图里被有的放矢地破解。

四

实践的逻辑必然在实践的土壤中孕育。因此，法治中国还是一项传统的命题，《决定》是在尊重、发掘当代中国政法传统与中国传统社会的法治资源过程中展现它的逻辑。

当代中国法治实践最大的传统就是它是在中国共产党的领导下开展的治理事业。“党的领导是全面推进依法治国、加快建设社会主义法治国家最根本的保证。”作为先锋性政党，中国共产党实际上扮演着为中国法治进行顶层设计和具体操作的角色。无论是法治话语成为国家治国理政的意识形态，还是在党的文件中对宪法法律的实际解释（例如十八届三中全会《决定》对公有制、中央地方关系等诸多宪法问题的解释），乃至通过党的决议事实上行使违宪审查权（例如十八届三中全会《决定》宣布废止劳动教养制度），中国共产党始终通过将自身的政治意志法律化来推动法治与社会的发展，因此十八届四中全会描绘的法治中国蓝图实际上也开启了党实现现代治理的新篇章，“依法执政”既意味着党要依法治国理政，也意味着党要依党规管党治党，这种双重治理依据不仅仅是对“法”的重新认识，也是对党的规范行为的重新诠释。

当代中国法治实践的传统还在于我们必须重视中国“德法并举”的传统，公报提出“依法治国”与“以德治国”相结合又一次确认了这种传统的生命力。完备的法律规范体系与高效的法治实施体系离不开当代国人心灵秩序的建构和生命活力的返本开新；严格的法治监督体系与有力的法治保障体系更需要丰沛的道德资源化性起伪、以恶扬善、移风易俗，如此监督与保障才能从他律走向自律，润物无声。

五

法治蓝图已经绘就，期待具体施工。然而，如何准确理解蓝图的布局和内在逻辑，我们发掘出历史的、实践的、传统的多重维度，唯愿它们彼此圆融自洽，和谐无碍，让法治实现中华民族的伟大复兴，实现海晏河清，天下大同。

呼格吉勒图案重述

张　晶*

当呼格吉勒图的名字为人们所熟知时，“一案两凶”所指的，不再仅仅是聂树斌案中的聂树斌和王书金，如今还包括呼格吉勒图案中的呼格吉勒图和赵志红。而呼格吉勒图也被人们称为“内蒙古聂树斌”。呼格吉勒图案和聂树斌案这两个案件，人物关系结构非常相似。设想，如果这是两部有先后问世顺序的文学作品，甚至会让人疑问是否存在“借鉴”超过必要限度的问题。

呼格吉勒图，男，1977年出生，内蒙古自治区人，蒙古族。1996年4月9日，一女子被发现死于呼和浩特赛罕区邻近卷烟厂的公厕内，呼格吉勒图发现后报警，此案也被称为“四·九女尸案”。后在对案件的侦查中，呼格吉勒图被列为重点嫌疑人，并在案发48小时后被认定为凶手。1996年5月23日，呼和浩特市中级人民法院认定呼格吉勒图犯流氓罪、故意杀人罪，判处死刑；1996年6月5日，内蒙古自治区高级人民法院二审“维持原判”，核准死刑，并于当年6月10日，对呼格吉勒图执行枪决，呼格吉勒图时年18岁。因当时正值改革开放以来的第二次“严打”期间，这一因素无疑促成了本案的“从重从快”处理，从案发到呼格吉勒图被执行枪决，历时仅62天。

2005年10月23日，内蒙古警方抓获了多起奸杀惨案的犯罪嫌疑人赵志红，赵志红记忆力非常好，对自己所犯每起案件都记得较为清晰。赵志红除了在审讯中交代了一些公安机关还未掌握的案件，还供述称，其于1996年犯下了强奸杀人案，案件就发生在呼和浩特赛罕区邻近卷烟厂的公厕里。

---

* 作者为天津商业大学法学院教师。

赵志红不仅对案件细节作了供述，还指认了现场，即使案发地已经经过了拆除重建，但赵志红依然能够准确地指认作案当时的公厕所在地。

"一案两凶"！这引起了相关部门的重视，也有记者对此情况连续写了五篇"内参"发往北京。2006 年 3 月，内蒙古自治区政法委组成案件复核组对案件进行调查，并于当年 8 月得出结论，认为呼格吉勒图案属于冤案。但在 2006 年 11 月，呼和浩特市中级人民法院对赵志红进行审理时，并未涉及"四・九女尸案"，而自 2006 年开庭后休庭至今，赵志红案一直没有将程序继续下去。至于呼格吉勒图案，虽然上有内蒙古自治区"确属冤案"的调查意见，下有呼格吉勒图的父母自赵志红落网供述以来持续九年不断要求重审的申诉，然而，对呼格吉勒图案重审程序的启动也一再搁置，直至 2014 年 10 月 30 日，经内蒙古自治区政法委、公安厅等机构证实，最快下月开始启动针对呼格吉勒图案的法律重审程序。

至此，呼格吉勒图案真正得到了全国范围的关注，这个蒙古族的名字开始频繁进入法律人的视线，而当年的"四・九女尸案"的一些细节也在人们眼前展开。

1996 年 4 月 9 日，呼和浩特卷烟厂工人呼格吉勒图和工友闫某向警方报案，称在烟厂附近的公厕发现一具下身赤裸的女尸。后根据媒体对闫某的采访，案发当晚，呼格吉勒图称经过公厕时听到有人喊，遂去车间叫闫某一起去查看，两人发现女尸后，向警方报案。报案 48 小时后，负责该案的侦查人员认定呼格吉勒图是"四・九女尸案"的凶手，是其在女厕对死者进行流氓猥亵时，用手掐住死者的脖子致对方死亡。

呼格吉勒图案进入人们的视野后，该案的一些关键点也得到了人们的关注。首先，在"四・九女尸案"侦查当时，警方提取了受害者体内遗留的精斑，但并没有进行 DNA 鉴定。然而在 2005 年赵志红落网供述后，原本保留在公安局的该份精斑证据丢失了。其次，有到过现场的警察称当时并未发现女尸身上有伤口，但根据当年当地报纸的报道，刑警队技术室将呼格吉勒图指缝中的残留血样与被害人咽喉被掐破处的血样做了 ABO 血型检测和比对，两者是吻合的。第三，在案件侦查终结至移送审查起诉时，呼格吉勒图还在进行无罪供述，但没有得到检察机关的重视。且呼格吉勒图的认罪口供过于详细，如呼格吉勒图在供述中详细描述了被害人的穿着细节，而当时的公厕里一片漆黑，这似乎违背常理。第四，与呼格吉勒图一同发现死者的闫某接受访问时称，他和呼格吉勒图在公安局被分开询问，但根据呼格吉勒图所在屋子传出来的声音以及他见到呼格吉勒图时的样子，有理由认为呼格吉勒图遭到了刑讯逼供。第五，声称是真凶的赵志红对于“四·九女尸案”的细节了解得非常清楚，甚至比呼格吉勒图对案件细节的了解还要细致，而且根据测谎专家对赵志红进行的心理测试，显示其“没有撒谎”。

从2005年赵志红落网供述至今，已经经过了九年。为什么再审程序迟迟没有启动？或许这其中有如同聂树斌案没有启动再审程序一样的原因。但与聂树斌案件相比，呼格吉勒图案还是让我们看到了法律救济渠道的通畅。2014年11月20日，内蒙古高院向呼格吉勒图的父母送达了立案再审通知书，呼格吉勒图案进入再审程序。

经审理，内蒙古高院认为，原审认定呼格吉勒图犯故意杀人罪、流氓罪的事实不清，证据不足。2014年12月15日，内蒙古高院作出再审判决，撤销原判，宣告原审被告人呼格吉勒图无罪。

一时舆论沸腾，人们在为年龄永远终止在18岁的呼格吉勒图以及他不幸的父母和家庭扼腕叹息的同时，也对司法的公信力提出了质疑：何以经过公、检、法的层层把关，会“合法”地错杀无辜的人？有人将满腔的愤懑转向了呼格吉勒图案件的相关办案人员，提出应当严查、严惩。2014年12月18日，有新闻报道称呼格吉勒图案18年前专案组组长冯某因涉嫌玩忽职守、刑讯逼供等罪名，被批准逮捕。网络上也流传着呼格吉勒图案件所有相关办案人员的姓名和现任职等信息，还有网民们要求严惩的声音。

在此，我们也不禁要思考，作为当年“严打”“从快从重”“命案必破”大环境下的小个体，案件的具体办案人员是否应当承担追责的全部后果？他们是否存在可悯之处？有学者强调，对于错案，纠正固然重要，预防更加紧要。预防错案，一方面要加强办案人员素质，但更重要的在于发现和改革我们的刑事司法制度中存在的问题。希望通过努力，能够做到像呼格吉勒图的哥哥在接受采访时的唯一诉求那样：“公、检、法以后不要草率办案。”

用什么守护生命

——由呼格吉勒图案看死刑观念和制度变革

张绍彦 *

杀人、死刑、枪毙…大凡有善良、恻隐之心的人除非不得已，都不太情愿面对这些沉重的字眼和话题。而当人们的神经刚刚从佘祥林案、赵作海案等人命案中，因被害人“复活”企图解放出来，又因念斌投毒杀人案紧绷起来的时候，内蒙古呼和浩特呼格吉勒图因奸杀被执行死刑9年后，“真凶”赵志红“出现”，直至又过了9年后的今天才被提起再审，则又一次让人们的神经承受更加巨大的冲击，也使我国正在推进中的死刑改革问题再度成为社会焦点和热点。

逝去的就永远地没了——剥夺的生命不能复活，失去的自由也无法复还，遭受的痛苦同样难以抹煞。我们不仅要还“被错误地”失去以公平和正义，更需用理性和智慧守护我们的权利，特别是我们的生命不再被错误地失去。

今天，当我们回过头来看佘祥林杀人、被害人“复活”案，赵作海杀人、被害人“回家”案和念斌投毒杀人无罪释放案时，无疑其中充斥着种种令人难以置信的荒唐。如果有人说这是事后诸葛、马后炮，从结果反推过程，既不符合人们认识和实践活动的事实与规律，也有失客观与公允，那么，今天呈现在人们面前的内蒙古呼和浩特呼格吉勒图因强奸杀人被执行死刑9年后，“真凶”赵志红出现，又时隔9年后的今天却没有得到纠正，实在是挑战人们理性的底线，令人无语。如此荒诞的死刑案件，问题究竟出在哪儿呢？

死刑是一个极其复杂的问题，在此我无意也无法透过呼格吉勒图案全面阔论我国的死刑改革，仅就与此案紧密关联的角度，谈谈对我国死刑改

---

* 作者为中国社会科学院法学研究所研究员。

革几个基本和重大问题的看法。

首先是死刑文化和观念问题。

中国是一个具有悠久重刑传统的国度，人们对刑罚、重刑有着几乎与生俱来的依赖。在没有普遍的宗教信仰的中华文化中，相信因果报应成为人们朴素的信仰支撑。因此，善有善报、恶有恶报成为刑罚体现公平正义的重要文化与观念基础。“杀人偿命，借债还钱”也成为中国根深蒂固、千年不变的律法天条！由此，“命案”实际上往往包含两个意义：一是依然的事实，出了人命，有人被杀害；二是面对未然、未知的案件事实和结果，要找到杀人凶手并将其处死。所以，如果没有抓到凶手并将其处死，被杀害人的在天之灵似乎就不得安宁，就死不瞑目……命案必破、判处杀人犯死刑，时常会成为公检法机关办理死刑尤其人命案的观念基础和民愿期待，因而不得不承受巨大的法外压力。首当其冲的便是担负案件侦破任务的公安机关。杀人案件一旦发生，尽快发现和确定犯罪嫌疑人就意味着生和升的希望——还死者生命以公道，得政绩升迁以功劳。18岁的呼格吉勒图发现有人被杀害报案后，却被迅速锁定为杀人嫌疑犯，无疑是这一死刑观念下催生的死刑案件“机制”的典型反映。可以想象，除非有极其强大的信念、信仰力量，加上极高的政治觉悟及高超的专业技术水平与能力，然后以极其严密的实体和程序法律制度及司法体制做保障等等，死刑案件的侦破和审理有这样那样的错误实所难免，而这些条件“理论上”无疑应当是存在和具备的，但在现实的中国还有相当的距离。因此，死刑改革必须从彻底转变死刑观念开始，尽管这将是痛苦、缓慢而漫长的，却是无法避开的。

就死刑观念而言，其意义似乎被锁定为实现公平正义，即剥夺杀人者的生命向社会宣示对生命（权）的尊重和保护，并告慰被害人及其亲属。那么，处杀人者以死刑果真有此“功效”吗？事实上，死刑不仅不能复原伤亡者的生命和伤痛，也无法证实其有助避免新的死刑之罪伤亡的再生，更难以消减被害者家属因丧失亲人而带来的痛苦，增加更多的可能甚或只是被处死刑者亲人的痛苦甚至不满和敌意。

其次是死刑的制度和体制问题。

从呼格吉勒图被执行死刑案看，有的死刑制度改革，比如，死刑复核权统一收回由国家最高审判机关最高人民法院行使的问题已经解决。我想说的是，通过刑法修正案八和正在讨论修订中的刑法修正案九，我国在立法上大幅减少了适用死刑的罪名数量，而在司法上，从实体和程序两个方面减少和限制死刑的适用和执行同样重要。比如，对死刑案件要求更加严格的非法证据排除规则和更高的证明标准及更严密的质证过程，坚定贯彻疑罪从无的法治原则等。必须从制度和体制上杜绝死刑案件办理过程中基于各种原因可能发生的各种形式的刑讯逼供问题。为什么“命案”、死刑冤案的嫌疑人往往都会冒死承认自己“杀人”，留下自己犯有死刑的口供证据呢？人们能够想象到的理由除了法律不予追究和惩罚的精神病患者，最大可能便是审讯过程中嫌疑人遭受了多种形式的软硬兼施，身心俱疲的非常对待，进而违背事实和意愿作出自己冤枉自己犯有杀头之罪的“破案”供述。不无理由地认为，要避免死刑案件中的冤假错案，根除公安机关侦破案件时各种形式的刑讯逼供，遵守严格的证据规则和证明标准是首先必须解决的问题。这是其一。

其二，在司法体制上，如何确保审判机关真正依法独立行使审判权，而不受和排除法律之外因素的影响和干扰，同样是一个现实的紧迫课题。呼格吉勒图死刑执行案从发案、破案到审判，从一审判处死刑到二审“维持原判”，核准死刑，再到执行死刑，只经历了短短的62天即告完结。显然这不是因为对被杀者生命的尊重，也不是基于要急切地通过执行呼格吉勒图的死刑来实现社会正义和公平，并告慰死者及其亲属，而是因为当时贯彻“从重从快，严厉打击”刑事政策的要求。而在呼格吉勒图被执行死刑事隔9年之后，杀人“真凶”赵志红出现，呼格杀人冤案迟迟得不到昭雪，正常的司法程序无法启动，同样是受到了法律制度和司法体制之外因素的严重阻扰。既有当年因侦破此案立功、晋升的侦查机关的办案人员，也有审理此案的审判机关的办案人员以及“相关的”其他人员。这些因素之所以能够“因公”或因一己之利而阻扰案件的正常程序和公正结果，正是利用了我国司法体制中存在的确保法官办理案件时独立、正确行使审判权的种种弊端。呼格吉勒图执行死刑案中关键证据精液的“神秘失踪”、血样证据的来源、“真凶”现身后再审迟迟不能启动等等，无一不昭示，即使在死刑案件中，我国的司法办案和审判工作仍然受到了法律之外因素的严重干扰。

其三，从死刑制度本身来说，除了我国已经进行的死刑复核统一由最高人民法院负责，立法上大幅减少死刑罪名的数量，司法上减少和限制死刑实际适用外，在死刑执行制度上也有可以探讨和改革之处。比如，将判处死刑和执行死刑分立为两项具体的死刑制度，在被判处死刑的犯罪人中，按一定标准、比例和期限执行死刑，建立死刑执行“犹豫期”或“执行犹豫”（制度）。这不仅有利进一步控制死刑的实际执行数量，更是为了确保在死刑判决后到死刑执行前的期间发现死刑判决中可能存在的问题，也让犯罪人及其律师等充分行使诉讼权利。与“独立的”死刑“执行犹豫”制度相“配套”，可以考虑建立我国的死刑赦免制度。死刑赦免制度不同于刑法上对判处其他刑罚罪犯的大赦和特赦，而是专门针对被判处死刑，处于死刑“执行犹豫”中还没有执行死刑的罪犯，按照一定的标准、比例和期限给予赦免，不执行或有条件地不执行死刑。比如，可以按照不低于我国办理死刑案件充分、完整的法律程序的期限，比如，两年至三年，设定国家死刑赦免的“周期”或期限，即每隔两年至三年，国家专门针对判处死刑还没有执行的犯人赦免一次。与此相对应，前述死刑“执行犹豫”期限则不能低于死刑“赦免周期”的期限，比如，两年至三年。即被判处死刑的罪犯，其死刑判决生效后，都至少是在经历了一个完整的“执行犹豫”期限，比如，两年至三年之后，才进入死刑执行程序，以确保每一个可能实际执行死刑的罪犯，都有一次可能被赦免的机会。这样或许能在制度和体制上更大限度地防范死刑案件，特别是执行死刑冤假错案的发生，更加体现国家、法律、社会及个人对生命的尊重和爱惜，同时也是对逝者的告慰及其生命价值的赞美。

再次是死刑案件中的立场和民意、舆论或媒体及被害方意愿。

原本立场与死刑案件扯不上什么关系，但现实生活中在法治原则没有得到贯彻的地方和时候，死刑案件往往会与“立场”、表现等牵连起来。呼格吉勒图因奸杀被判死刑并执行，恐难与办理案件各环节的机关和人员的“立场”无关。在“从重从快”严厉打击犯罪的政策要求下，迅速破案侦结、审判和执行死刑，自然有助表明拥护、贯彻政策和上级要求的立场，而在我国的司法生态中，对于政法机关来说，立场向来都是至关重要的，并且似乎越左，立场越坚定，越能表明忠诚与忠心。为了证明、巩固和加强自己的立场、忠心，法律、法治精神和法治规则往往遁形司法之外。在依法治国的今天看来，党和国家、政府的意志和立场，广大人民群众的意愿和利益，都通过立法充分反映和体现在国家法律之中，尊重法律，严格依法办事就是、也才是唯一正确的立场。

呼格吉勒图被执行死刑案还透视出民意和舆论、媒体及被害人方的意愿与死刑案件间的关联。呼格吉勒图被执行死刑案从发案到执行死刑只有短短的 62 天时间，被害人杨某的家属既没有找“凶手”上门讨说法，也没有要求任何一方赔偿，只是其父听到去围观公判大会的人说“人崩了”（呼格吉勒图被判处死刑），于是返乡回家，并且再没有“追究”。这与通常死刑案中被害人亲属往往会提出严惩凶手，甚至要求必须以命抵命、判处嫌疑人死刑，进而给侦查机关办案和司法机关依法审理案件带来不同程度的影响和干扰，形成很大反差。被害人亲属的要求在我国死刑改革中是一个很值得警惕的问题。从学理和法理及刑事诉讼构造上讲，死刑案件的被害人及其亲属不是死刑案件诉讼中的当事人。因此，其没有资格和权利就死刑案件中刑事裁判结果发表意见和提出要求。其作为刑事被害人一方的意志和利益，都已经客观全面公正而理性地反映在国家的法律之中，并且由国家专门机关“代表”他们对犯罪嫌疑人提出控告和起诉。但司法实践中，被害人家属的态度和要求，特别是与嫌疑人之间达成谅解的情况，在很大程度上影响着司法机关对死刑案件的判决。

而从民意看，原本法律就是“民意”——人民意志和利益最集中最充分最根本的体现，实施、实现法律就是最恰当最充分最科学最合理地体现和实现民意。但面对死刑案件和死刑判决时，更多“民意”往往会倒向严厉惩罚，判处和执行死刑，进而影响政法机关依法办理和审理死刑案件。其中，有的为依法可能被判处死刑的犯罪嫌疑人“请命”，要求不得判处其死刑，有的则是表达民愤要求必须判处嫌疑人死刑。在此我无意分析死刑中的民意，只想阐明三点：一是民意不应成为影响和干扰死刑案件判决的因素，就像司法机关是实施国家法律的专门机构，其使命只能是依法办案，处理法律讼争，并依法作出裁决，而不应当更不可能成为解决社会矛盾和问题的“终决器”一样，法官的职责和使命也只能是严格依法审理案件并作出判决。二是古今中外的死刑发展史，从无到有，从繁多严酷到逐步减少直至废除，从来都不是“顺应”民意，更不是民意表决的结果。而死刑案件的审判结果，在一定程度上难免不反映出对死刑的基本态度。所以死刑和死刑案件判决，从根本上讲都不是民意的事。三是如果因面对民意要求而不得不判决和执行死刑，那么，如果民意要求不得判处依法应当判决和执行死刑呢？如果法律因此、为此而影响甚至左右，那就不再成其为法律，更何况法律及司法是选择在助长仇恨和报复中实现社会公平、正义，还是助力和传扬宽容、怜悯的情感、情怀，更是不言而喻。

在呼格吉勒图被执行死刑案中，反映典型而充分的是舆论和媒体与死刑案件间的关联。可以说，没有新华社内蒙古分社政文采访部主任、高级记者汤计，可能就没有今天的呼格吉勒图案。正是汤计以其善良、同情和正义之心，通过其新华社高级记者的“特殊身份”和条件，一直强力推动，呼格案才走到今天。汤计在呼格吉勒图被执行死刑案件中所具有的工作条件和起到的舆论监督作用，绝不是一般媒体或舆论能够达到的，应当说是个例外。由此而言，汤计作为舆论和媒体在监督和推动呼格吉勒图被执行死刑案中发挥的极端特殊和重要作用不具有普遍意义和普适性。从 2005 年 11 月，呼格案“真凶”落网刚刚一个月开始，到 2007 年 11 月，短短的两年时间汤计就利用新华社的特有渠道专门针对呼格案形成了 5 篇大、小内参考报告中央，并得到中央有关领导及最高人民法院、最高人民检察院领导的高度重视和批示。汤计的责任感、同情心，求实求真的职业精神、职业素养和水平，实在令人称道，他在“呼格案”中发挥出的舆论和媒体作用也十分鲜见。但就是在如此特殊而强大的舆论、媒体监督作用下，在汤计向中央发出第一篇内参 9 年之后和发出最后一篇内参 7 年之后，呼格案再审程序依然没有启动，但在党的十八届四中全会党中央作出依法治国的重大决定后不到一个月，2014 年 11 月 20 日，呼格吉勒图被执行死刑案进入再审程序。

在死刑案件中，舆论和媒体的监督常常是必要的，但却不是充分的，而在司法实践中舆论、媒体影响甚至干扰司法机关依法审判案件的事例也并不少见。简单、客观地说，寄望偶然的舆论、媒体或媒体从业者，对于死刑案件来说同样是“靠不住的”；而舆论和媒体影响、“参与”死刑案件调查、侦破和审判，更不合于法治精神，也无助我国死刑制度和体制的改革与完善。

简短的结语。

不管是死刑还是其他案件，冤假错案都会有、也总会有的，这才合乎事实、情理与逻辑。但呼格吉勒图强奸杀人执行死刑案揭示出来的是整个案件过程，从案件侦破到起诉，由一审到二审再到申诉各个司法环节的全线溃败——如果公检法哪怕只要一个环节不那么荒唐，18 岁少年呼格吉勒图鲜活的生命可能就不会成为冤魂……

然而现实是严酷的，不相信如果。文章写到这里我们对死刑案件客观公正的期待似乎走到了穷途末路，我们用什么守护生命？唯有法治。只有法治精神、法治原则及其得以实现的制度、体制和机制，才能守护我们的生命不再被死刑错误地剥夺……

谁是呼案真凶

何家弘 *

引人关注的内蒙古呼格吉勒图案终于要启动再审了。1996 年，年仅 18 岁的呼格吉勒图因为当地一个女厕所中发生的强奸杀人案被判处并执行了死刑。2005 年，系列强奸杀人案的嫌疑人赵志红主动向警方供认自己曾于 1996 年在当地一个女厕所中强奸杀害了一个女青年。从时间和地点来看，这正是当年法院认定呼格吉勒图所实施的罪行。据说，在审讯过程中，赵志红先后四次向警方供述了他在呼和浩特市赛罕区一座公厕内强奸、杀害一名年轻女子的详细经过。虽然距作案时间已近 10 年，但赵志红对作案现场、被害人身高等人体特征、强奸杀人过程，甚至尸体摆放位置和奸尸时间长短等，都有准确的记忆。2005 年 10 月 30 日，侦查人员让赵志红带路，指认作案现场。虽然 10 年前的那座公厕已不存在，但赵志红仍然准确指出了原来厕所的位置。2006 年 11 月，呼市中级人民法院审理赵志红案，但公诉方所指控的犯罪事实中并没有该强奸杀人案。庭审结束后，赵志红在看守所递交一份《偿命申请书》，再次交代了 1996 年在赛罕区公厕内强奸杀害一名女青年的罪行。赵志红写道，“被捕之后，经政府教育，在生命尽头找回了做人的良知”。因此，他要求法院重查此案，“让我没有遗憾地面对自己的生命结局”。后来，测谎专家还对赵志红进行了心理测试，显示其“没有撒谎”。然而，一年又一年的时间过去了，有关部门一直没有给出明确的结论。据说，有关人员给出的主要理由是翻案的“证据不足”，不能肯定赵志红就是该强奸杀人案的真凶。

客观地说，本案中已知的证据具有短缺性，因此案件事实具有一定的

* 作者为中国人民大学法学院教授。

模糊性。根据现有证据，我们既不能肯定地说赵志红就是真凶，但是也不能肯定地说赵志红不是真凶。如果做粗略的概率分析，我认为他是真凶的概率应该在70%–80%。换言之，他是真凶的可能性明显高于他不是真凶的可能性。根据我国《刑事诉讼法》的有关规定，认定被告人有罪的证明标准是“案件事实清楚，证据确实充分”。如果用概率来表述，被告人为犯罪人的可能性至少应该达到90%。按照“疑罪从无”的无罪推定原则，只要被告人有罪的概率低于90%，法院就应该判被告人无罪。在该案中，既然赵志红是真凶的概率仅为70%–80%，那么法院认定赵志红“无罪”，也就无可厚非。然而，法院不能肯定赵志红是凶手并不等于说法院就能肯定呼格吉勒图是凶手。换言之，赵志红在该案中“无罪”并不等于法院当年认定呼格吉勒图有罪的判决就是正确的。

根据发现错判的方式或路径不同，我们可以把错判的证明方法分为两种：一种是直接证明法；一种是间接证明法。所谓直接证明法，就是用证据直接证明被告人没有实施指控的犯罪行为，或者说，被告人不是实施了指控的犯罪行为的人。这主要有两种情况，第一种是原审认定的被害人生还，如湖北的佘祥林案和河南的赵作海案；第二种是否定原审认定的主要证据，例如，美国的“洗冤行动”主要就是通过对强奸案或杀人案中的生物物证的重新鉴定来证明错判，包括用DNA检验结论来否定原来的血型鉴定结论，也包括用确定性DNA检验结论来否定原来的非确定性DNA检验结论。认定错判时使用的间接证明法主要是反证法，即通过证明他人实施了指控的犯罪行为来间接地证明原审被告人无罪。这主要有三种情况：第一种是他人检举揭发的材料证明原案另有“真凶”，如黑龙江的石东玉案；第二种是在他人处所发现了原案的重要证据，从而认定原判有误，如云南的杜培武案；第三种是其他案件的嫌疑人或被告人供认自己是原案的真正罪犯，如呼格吉勒图案。

在运用反证法间接证明错判的情况下，证明他人是“真凶”和证明原案为错判之间存在因果关系。在排除了共同作案可能性的情况下，两个嫌疑人面对同一犯罪指控的概率是此增彼减的。在上述强奸杀人案中，如果赵志红为真凶的概率是70%，那么呼格吉勒图是凶手的概率就是30%。既然赵志红那70%的概率都不足以认定其有罪，那么呼格吉勒图这30%的概率就更不足以认定其有罪了。由此可见，坚持只有肯定赵志红为真凶才能给呼格吉勒图翻案的观点是荒谬的。

毋庸讳言，“证据不足”大概只是呼格吉勒图案翻案难的表面原因，而深层原因可能是有关人员对错案责任追究的恐惧乃至抗拒。古人说，人非圣贤，孰能无过。但是，人们面对自己过错的态度却是大相径庭的。有些人勇于认错，积极纠错；有些人不敢认错，推脱责任；还有些人死不认错，拼命掩盖。于是，错判的认定就呈现出激烈的对抗，甚至是你死我活的抗争！

遵循无罪推定原则，司法机关判定被告人为真凶必须达到很高的证明标准。但是在现实中，人们也可以根据自己的生活经验对这个问题作出回答。如果让我根据自己的生活经验进行判断，我认为，赵志红就是该案的真凶。

该隐故事的启示与死刑废除

——也谈呼格吉勒图案

周　详*

前些日子参加社科院法学所主办的“国家治理与死刑”学术会议，在饭桌上，邓子滨研究员向我提了一个《圣经》中的问题：为什么上帝没有处死人类历史上第一个恶劣的杀人犯该隐，反而还要保护他呢？我想了想说：“罪刑法定，因为该隐时代还没有‘不得杀人’等十诫法律。”邓子滨对我出乎意料的回答直摇头，显然他不认同我的回答。我知道他有自己的解释结论，他是在故意隐藏谜底之后试探我罢了。由于当时没有反问，至今我也不知道他的答案到底是什么。

对于呼格吉勒图案（“四·九女尸案”）重审并改判无罪的消息，我心中没有一丝冤案昭雪的兴奋，却突然发现，邓子滨之问似与呼格吉勒图案的困惑直接相关，都是一个“谁是真凶”的证明问题。

从来没有人认为《圣经》记载的该隐杀兄案是一桩冤假错案。但在我看来，该隐杀人案其实是呼格吉勒图案的隐喻。当初该隐有了杀亚伯的恨意之后，对自己的作案肯定经过了仔细的谋划。首先，他将亚伯引到无人的田间。所以与“四·九女尸案”相似，在犯罪现场没有人看见谁是杀人犯。其次，或许亚伯还有可能专门找准了亚当与夏娃不在一起的时机。这样与“四·九女尸案”相似，所有的涉案人都没有不在场的无罪证明。再次，关于杀人的方式，除了上帝知道一切，谁也没有看见。《圣经》对此的描述非常模糊：“二人正在田间，该隐起来打他兄弟亚伯，把他杀了。”尽管诸如《诺亚方舟》《圣经故事》等电影想象该隐是用石头杀人的，但我们也完全可以假定如呼案一样，凶手是用手掐死被害人的，脖子上还不留一丝外伤。

---

* 作者为中南财经政法大学法治发展与司法改革研究中心教授。

最后，我们完全可以假定该隐若无其事地离开现场，然后亚当路过，发现亚伯奇怪地躺在地上，必会确认到底是怎么回事。无论是基于好奇心还是爱心，亚当去碰亚伯的尸体就属于理所当然之事。当他发现亚伯已经死亡，很可能会赶紧告知夏娃与该隐。毫无疑问，按照我国刑事侦查的惯常逻辑，亚当就像呼格吉勒图一样，成为第一嫌疑人。

从古至今世界上发生的一切命案，全知全能的上帝当然知道谁是真正的凶手，问题是上帝将管理地球的重大任务交给人类之后，就从来不直接参与或者干涉人类个案的审判。因此从证据学的角度看，在现有证据与人的认识能力局限面前，人类早期的四个人，个个都有杀人的嫌疑。[1]既然人人都是犯罪嫌疑人，凭什么说该隐一定是杀人犯？事实上，该隐敢于将他的弟弟亚伯杀死，恐怕也是利用了“上帝不参与人的审判”这一点。在很多命案中，被公安司法机关认定为嫌疑最大的人，事实上可能是无辜的，嫌疑较小的甚至没有进入侦查范围的人，也有可能是真凶。所以，哪怕全知全能的上帝知道是该隐杀了亚伯，却不能让认识能力有限的他人去定该隐的死罪。因为人类按照自己的认识能力认定他人有罪并判死刑，一旦出错，就没有任何弥补的可能性。而只要生杀予夺的权力掌握在人的手中，无论人怎么谨慎、司法程序如何科学严谨，都必然会存在杀错人的案件。对于死刑犯的生命而言，所谓的“有错必纠”毫无意义，因为除非发生奇迹，否则人死不能复生。

如此看来，在该隐的古老故事中，《圣经》一方面按照神的眼光来叙事（神告诉你“客观真实是什么”），另一方面却按照人的认识可能性来处理案件（神提醒你“法律真实是什么”）。如果上帝按照人所不能准确把握的客观真实来对该隐判处死刑，那么就为人类司法立下了极坏的榜样：审判者要么假定自己如神一般永远不会犯错，把自己当做全知全能的神来判决其他人死刑，要么坚持“宁可错杀一千，不可放纵一个”的政治立场。

或许有人说：我们国家的死刑政策一向坚持“少杀、慎杀，可杀可不杀的坚决不杀”，这与“宁可错杀一千，不可放纵一个”的纳粹政策毫无关系。

[1] 在上帝眼中，自杀也是杀人。当然该隐案发生时，地球上并不见得只有亚当、夏娃、该隐、亚伯四个人。按照上帝给人的“生养众多”祝福，推定该隐还有《圣经》中没有提及的其他众多兄弟姐妹，也是合理的。

这种论调看似有理，却让我想起了《大卫·戈尔的一生》电影中的一个情节：某大学哲学教授大卫是美国“反死刑运动同盟”成员，与德州州长[1]在电视台进行公开辩论。在第一轮交锋中，州长在支持死刑的观点表达中一不小心就被大卫导向了同意希特勒的名言而颜面尽失。但州长很快就扳回一局。当大卫谈到死刑错案的不可避免性时，州长严肃地拿出一个笔记本反击说：“你能指出哪一个在押的死刑犯是错案，你说出他的名字，我立马就特赦他。”大卫一时哑口无言。是的，代表政治家的德州州长说出了一个事实：要百分之百地排除一个死刑犯的犯罪嫌疑，是不可能的。实际上按照德州州长的逻辑，这世界根本就没有百分之百的证据能够证明一个案子是冤假错案。正如有人说，从客观上看，呼格吉勒图的确是有嫌疑的，没事往女厕所跑干什么？即使是佘祥林杀妻案，11 年后其妻归来，也不能百分之百地排除佘祥林杀了另外一个女人的可能性。换言之，在一个国家的司法过程中，到底谁是真凶的客观真实与根据证据裁判谁是凶手的法律真实之间不可能是完全重合的，一定存在无罪的被判有罪，有罪的被判无罪的错位状态。问题更麻烦的是我们还没有能力准确判断哪些案件两者是重合的，哪些案件两者是错位的。州长正是抓住了人在这方面的无能为力而让大卫哑口无言。

当然，电影《大卫·戈尔的一生》的结局让人心悸。大卫先是成为引诱强奸一个女大学生的“强奸犯”，虽然女学生撤诉，大卫却因此失去了工作，失去了婚姻。然后大卫昔日的亲密战友、反对死刑运动的领导人康丝坦斯又被强奸致死，所有的铁证都指向大卫是强奸和谋杀者：康丝坦斯身体伤痕累累且体内有大卫的精液，还有几个证人证明大卫当晚与康丝坦斯在一起，康丝坦斯“手被铐，能打开手铐的钥匙吞在自己肚中”的诡异死法也曾经是大卫一篇学术研究论文所讨论的“自由”哲学论题……大卫毫无悬念地被判死刑并执行死刑。然而事实的真相原原本本地被一部录像机记录在一盘磁带上：康丝坦斯其实是自杀，大卫与康丝坦斯等合谋安排一切假象，导演一场强奸杀人戏。一个在证据上铁板钉钉的死刑案件最后证明是一桩钉板钉钉的死刑冤案，他们用一个活生生的例子来证明国家司法体系必然

[1] 小布什曾任德州州长，由于小布什坚决拒绝特赦一个死刑犯，被人称之为“德州屠夫”。见王书亚：《我有平安如江河——影视中的救赎与盼望》，江西人民出版社 2009 年版，第 83 页。本电影似有讽刺小布什总统之意。

会出错，以此推动死刑的废除。康丝坦斯与大卫为了自己的理念，甚至不惜付出自己的生命。大卫故意安排的录像机就充当了上帝的角色，州长否定美国死刑判决存在错案的论点被用残酷方式毫不留情地击破。不过当真相大白天下之后，州长面对记者采访时的态度耐人寻味："我们不要因为人为非法制造的错案而丧失对死刑判决与国家司法体系的信心，我仍然坚决支持死刑。"

电影中大卫在比较严格的美国司法体系下，无法指认哪一个具体死刑犯是冤枉的，所以不得已采取自我牺牲生命的方式，制造一起错案来推动死刑的废除。不幸的是，在中国现实生活中，却无须如此费尽周折去证明死刑判决有无具体的错案问题。在近 30 年的中国死刑判例史中，"被害人死而复活""另有真凶再现"的案子一个接一个地浮出水面。那么尚未浮出水面的冤假错案还有多少呢？谁也无法证明这个问题。其实最不幸的还是冤案发生之后某种似是而非的论调持续地迷惑着大众：呼格吉勒图案、聂树斌案等对我们的教训是痛心的、深刻的，我们以后只要不断完善司法体制改革，严格死刑案件的程序与证明标准，建立死刑案件的非法证据排除制度，就一定能避免枉杀错杀。此种论点的确如"命案必破"的提法一样鼓舞人心，实际上却遗毒无穷。

其实并非笔者不能接受司法有错误。相反，司法有错误是一个必然规律，是一个"新常态"。笔者真正难以接受的是死刑判决的错误，因为死刑案与任何其他案件的错误所不同的地方在于：人头不像是韭菜，割了可以再长起来。所以，不要把希望寄托在用所谓的司法技术、司法体制改革来解决死刑的冤假错案问题。如果浮出水面与沉在水下的死刑冤假错案是不可避免的，如果这些案子对我们的教训真的是"痛心的，深刻的"，那么就把死刑废掉吧。否则，只要有死刑的存在，就一定有人不知不觉地被推上"替罪羊"的位置，就只能够让我们一次次地痛心，然后一次次地麻木、一次次地遗忘。

犯罪学上有一个"犯罪饱和"定律，大意是：只要有人类自我管理的社会存在，就一定有一定数量的谋杀。我们没有能力、也没有方法阻止有的人一定会去杀人，却一定有能力、有方法阻止国家以法之名去错误地杀人。因为国家要避免杀错人的唯一方法就是取消死刑，不再杀人，这在世界上多数国家已经做到了。虽然我们国家已经失去了第一个做到这一点的时机，但我们至少还有机会不成为最后一个坚决保留死刑——从而也就坚决地保留杀错人的制度——的国家吧。

借用《十二怒汉》（2007年翻拍版）电影中主人公在反对另外11个陪审员的有罪表决时所说的那个比喻："你有没有买过西瓜？老板说又甜又脆，但你不能先切开。这也没关系，买回去发现不对，最多把它扔了。但我们谈的不是买西瓜，我们谈的是切人头。"你或者我一旦同意支持保留死刑，也就意味着必然会有人，如呼格吉勒图一样，因为你或我的支持而无辜地丢掉生命，也就丢掉了一切。耶稣曾经说："人若赚得全世界，赔上自己的生命，有什么益处呢？人还能拿什么换生命呢？"换了你，换了你父母，会愿意因为想着杀错了还有100万国家赔偿而宁可丢掉自己或自己儿女的性命吗？

你会怎么选择呢？

寻找“法”的共识

马小红 *

“法治”自百余年前的戊戌变法以来就是中国的时髦词，当如今它又成为时尚时，转眼已是百有余年。

作为一个历史学者，我更想探究的是为什么时髦并被几代人持续追求了百余年的目标在现实的生活中似乎依然遥远？作为一个所谓的“法律人”，我想知道的是这个几乎被全社会瞩目了百余年的“法治”其内涵究竟是什么？

放眼百余年的中国近代史，法治在戊戌变法、清末立宪修律、民国构建六法体系时，都曾兴盛一时，几乎成为全社会的希望所在：学界巨擘的论著、朝中重臣的奏章、社会贤达的议事、坊间百姓的谈论，无不以言法或法治为时尚。但令人惋惜和错愕的是，法治的发展并不像人们预期的那样顺利，用命运多舛、历经坎坷来形容近代中国的法治历程并不为过。“前事不忘，后事之师”，总结百余年法治“兴而不行”的教训，对现实中的法治发展无疑是至关重要的。

众所周知，戊戌变法与清末立宪修律时期的中国，面临亘古未有的变局，遭受前所未有的外侮。那时的中国人被迫摒弃了“祖述尧舜，宪章文武”的礼治传统，接受了“物竞天择，适者生存”的竞争原则。为抵御外侮并自强自立，中国人将学习西方、变法图强作为不二之选，法治也因此由西方舶来。也许是时势使近代的变法时不我待，也许是对前所未有的“异质”文化的隔膜，也许是情急之中无暇对悠久厚重的传统文化进行梳理，法治在进入中国后无法像古代的礼或礼治那样得到全社会的高度认同。不同的阶层和利益集团从不同的角度阐释法治的涵义。学界主流对法治的阐释是以“伸民权”或主张“权利”为基础的，由此保障公民权利的宪政就成为

* 作者为中国人民大学法学院教授。

法治的核心。朝廷对法治的阐释是以“权力”的巩固为立场的，法治在以权力为角度的解释中当然不会成为目的，而只是一种工具。值得注意的是，无论是权利的立场，还是权力的立场，都不排斥“强国”的宗旨。社会主流意识因此而将近代法治直接误解成了以“富国强兵”为目的的法家之“法”。而法家之法，就本质而言恰恰是与近代法治水火不容之法。我们虽然可以从法家的主张中看到皇帝除外的法律平等意识，比如“王子犯法与庶民同罪”，比如“刑无等级，自卿相将军以至大夫庶人，有不从王令、犯国禁、乱上制者，罪死不赦”。但在这种平等的主张中，我们看不到近代法治限制权力的因素，看不到近代法治对民众权利的主张。说到底，作为一种治国的工具，法家的法只是一种与专制制度相辅相成的“刑治”。西方的法治，在中国近代的变法中与法家的刑治匆忙嫁接，不仅中断了以民本为基础的中国社会的礼治传统，而且更是从根本上误解了近代法治的应有之义。这种传统的中断与对异质文化的误解，致使“法就是工具”“法只是老百姓的规矩”“法就是重刑治国”等与法治宗旨南辕北辙的观念至今仍在流行。法治与刑治的混淆，社会对近代法或法治的内涵、宗旨缺乏基本的共识，正是清末以来法治常常流于纸上谈兵、“兴而不行”的症结和痼疾所在。

当今天，法治再次成为全民关注的对象时，我们对法治与中国传统的对接不可不慎，我们对法治的应有之义不可不审，否则我们会重蹈历史的覆辙。

在厘清“法治”不是“刑治”的前提下，再放眼数千年的中国古代文明，我们不难从“礼治”中获得有助于现实法治发展的资源。首先，中国被誉为礼仪之邦，原因在于礼治为社会广泛地认可。对礼治的共识是礼治在中国古代社会获得权威与信任的原因。其次，礼治在强调制度仪式的同时，更强调制度仪式所要反映或维护的精神与价值观。再次，礼治之所以能获得社会高度的认可，是因为其中蕴含了人类社会的普遍追求。我们在古代的礼治中能够发现近代法治所主张的“权利”的原始因素，比如以天道、舆论、言官、史官限制君权的滥用，以君权、道德、民意、御史制度约束官吏权力的膨胀。更为重要的是，礼治赋予民众议政的权利，倡导民众有尊严地生活。在中国古代，评判历史、王朝、帝王将相直至每一个人的标准，不是“权力”，而是根植于人们内心的善恶是非标准——礼。礼倡导“有教无类”，给中国古代草民以希望，所以才有人“两耳不闻窗外事，一心只读圣贤书”；礼赋予了中国古人在道德面前的平等，二十五史中也有草民道德楷模的一席之地；帝王可以据礼要求民顺，民众也可以据礼要求帝王仁义；帝王可以要求臣子忠诚，臣子也可以要求帝王贤明；官吏可以要求民众敬上，民众也可以要求官吏惠下等等。尽管礼治对权力的限制、对权利的保护与今天的法治相比远远不足，但在古代社会已是弥足珍贵，其凝聚了中华文明的精华，可以与现代法治价值观相连接。因此，如果从传统中寻求现代法的共识，我们需要借鉴的不是那个主张“重刑轻罪”的法家之法，而应该是那个讲究“三军可以夺帅，匹夫不可以夺志”，给人以尊严的儒家之礼。

由此不难看出，社会共识的获得无论古今都是以“权利”为核心的。法家之法之所以被汉代的政治家、思想家批判，是因为其中没有“权利”可言。就像明末清初启蒙思想家黄宗羲一针见血指出的那样，法家之法、秦朝之制，剥夺天下人的“利益”，供奉一家一姓的帝王。这种法是服务于帝王利益的“一家之法”，而不是服务于天下利益的“天下之法”。一家之法愈严密，刑罚就愈严酷，天下人就无所措手足，社会矛盾就愈激化，于是“乱生于法中”。汉唐社会之所以有一个长久的稳定，是因为法家的法经过儒家礼治的改造，注意到了人们权利的维护。汉唐以来的中国法，更强调法的精神，强调孔子所提倡的“教化”，强调官吏的责任，比如“乡饮酒礼”制度。乡饮酒礼在《周礼》中就有规定，我们也可将其视为中国古代官方提倡或认可的公序良俗。一年一度的冬闲时节，一乡一族的人聚在一起。耆老、族长阐述礼治要求，宣读朝廷的有关规章，表彰好人好事，批评不良行为。官府派人参与其中，除总结一年的生活外，对来年也须做出计划，包括讨论修路兴学、扶危济困等事项。“乡饮酒礼”强调的是一般民众对法的精神的领悟，而不是对法的条文规章的掌握。实现的是每一个人对乡村大事发表意见的权利，而不是对官府、耆老、族长唯唯诺诺的服从。

同样，在现代社会中取得法的共识，更要关注的不是权力的加强，而应该是权利的实现。只有在权利受到切实有效的保护与实现中，法的共识才能形成。而权利的维护，必须依赖宪法的权威，因为宪法是“公民与政府的契约书”。宪法神圣，公民的权利才能神圣。公民权利的实现之日，就是权力被关进笼子之时。这才应该是现代社会法的共识与真谛。

礼法传统下的“法律道德化”和“道德法律化”

苏　杰*

近日翻读太史公司马迁之巨著《史记》，在专论经济财政的《卷三十·平准书》中找到一段汉代法制案例记载，现摘录如下：

> 大司农颜异诛。初异为济南亭长，以廉直稍迁至九卿。上与张汤既造白鹿币，问异。异曰：“锦王侯朝贺以苍璧，直数千，而其皮荐反四十万，本末不相称。”天子不说。张汤又与异有郤，及有人告异以它议，事下张汤治异。异与客语，客语初令下有不便者，异不应，微反唇。汤奏当异九卿见令不便，不入言而腹诽，论死。自是之后，有腹诽之法比，而公卿大夫多谄谀取容矣。

译为今文，大意是：大司农（财政兼农业部长）颜异为人廉直，汉武帝与廷尉（公检法总长）张汤推行通货膨胀政策，计划制造发行一种白鹿皮货币，一白鹿皮币值铜钱四十万。颜异当场反对。汉武帝很不满意。事后颜异被张汤下狱，罪名是“腹诽之罪”，即颜异在听到有人议论当朝政令不妥当的时候，没有说话但嘴唇微微翻下，据此可推测其心怀叵测，内心对上不忠不敬。论心定罪，颜异后来被判处死刑。

司马迁在《史记·卷一百二十二》中专门为张汤、杜周等十余名西汉司法官吏立传，命名为《酷吏列传》。杜周，张汤的“亲密战友”之一，亦曾任廷尉。其任上坚持做到“上所欲挤者，因而陷之；上所欲释者，久系待问而微见其冤状”。后来，“天子以为尽力无私，迁为御史大夫”。

---

* 作者工作单位为汕头海关缉私局法制二处。

司法实务官员杜周曾思考并提出一个“法理学”问题：“中国古代法是什么？”《酷吏列传》有关文字如下：

> 客有让周曰：“君为天子决平，不循三尺之法，专以人主意指为狱。狱者固如是乎？”周曰：“三尺安出哉？前主所是著为律，后主所是疏为令，当时为是，何古之法乎？”

大意是：曾经有人责问杜周说：“你为君主执掌司法权力，但不遵循法律，却专以君主的意志来断案。司法官员本来应当这样吗？”杜周反问说：“法律（古代以三尺竹简刻载法律）是什么呢？前代的君主认为对的就记载为法律，当今的君主认为对的就颁布成法令。适合当时的情况就是正确的，何必拘泥遵循法律呢？” 杜周之直言，提出并简要回答了“中国古代法是什么”这一问题。

中国古代法是什么？多部古籍称古代之法律为“刑”“法”或“律”，法学者梁治平先生在《“法”辨》一文中提出“国家与法所由产生的途径，不仅决定了国家的组织方式，而且也规定了法的社会功能……”的观点。梁治平先生据有关古籍考据，古代中国国家产生于氏族征伐战争过程中，氏族未解体，国家政权已早熟；氏族内部亲属关系也直接转化为国家的组织方式，国家与氏族组织融合互渗……基于此论和有关古代法制史料，中国古代法具有两个最基本特征：一是国家与法必然是（一氏族对另一氏族）赤裸裸的征服和统治，法被视为君主镇压和统治的工具，即为“王者之政”，而且刑罚之酷烈与繁复超乎寻常。杜周之“专以人主意指为狱”，即体现了“法律工具论”——中国古代法是君主（无论前主或后主）权力推行其意志的工具——这一特征。二是在烙上氏族血亲关系印记的国家组织方式（即为瞿同祖先生所说的“身份社会”）下，国家与家族、法律与宗族伦常经常是混淆不分的，法也就是刑与礼合流的“礼法”，礼以法为推行工具、法以礼为指导原则，也即“法律道德化和道德法律化”，二者互为表里。颜异因“腹诽之罪”被下狱处死，酷吏竟可以以“法”直指人心，论心而定罪，此为以“法律”执行道德判断之恶例。

中国古代法之“礼法传统”包含着“法律工具论”和“法律道德化和

道德法律化”两项基因，其对后世影响渗透之深，即令当代诸多立法者、司法者等当局之人也身陷其中、浑然不觉。在21世纪的今天，至于已颁布施行的“法律道德化和道德法律化”的立法条文，可信手拈来以作标靶。根据法理学基本理论，作为一种社会规范，法律之所以区别于道德（无论所谓的公德、私德）的重要属性在于，一是法律规定了权利和义务而具有确定性、可预测性和强制保障性；道德仅存在于社会舆论、习俗和人内心的信念，即德行产生于自由为前提的自决。二是法律调整的是人外部行为的合法性，道德关注的是人的内在心理；法律是外部他律的规范，道德是人心自律的规范。三是法律具有明确、正式的表现形式，如法律条文、官方判例等；道德往往是缺乏确定的正式的表现形式。按照以上概念理论为标准，且以2013年7月1日起施行的《中华人民共和国老年人权益保障法》为例，尝试一一解析“法律道德化和道德法律化”立法的谬误。

据立法机关全国人大常委会官方说法，《老年人权益保障法》的立法目的是：为应对人口老龄化带来的社会问题，保障老年人权益和弘扬中华民族敬老、养老、助老的美德。既然执政者认为当前“老年人权益”和“孝”的问题是重要的，就可以把它上升为“法律”层面以示重视。经研读，该部法律共九章86条中，除第二条（本法所称老年人是指六十周岁以上的公民）、第十二条（每年农历九月初九为老年节）、第四十四条（设立养老机构应当向县级以上人民政府民政部门申请行政许可；经许可的，依法办理相应的登记）等少数条款是明确可执行外，绝大部分条款为“空文”。可分为三种类型：

一是“重复性”条款。如第十四至十七条、二十二条、七十四条和七十六条（赡养和老年人房产田地产权、继承权），第二十条和第七十九条（赡养协议），第二十一条和七十五条（老年人婚姻自由），第二十六条（监护）等条款，在《民法通则》和《合同法》《婚姻法》等民事基本法律及相关法规、司法解释中已经有相关明确、可执行的规定，不必要再以新法律的形式予以重复立法规定。没有一定必要性却要再次制定出法律以示重视，这是拿法律当儿戏，滥用立法权。须知，立法是需要成本的，包括耗费的人力、物力和机会成本。

二是“法律道德化”条款。如第三至十条和第二十八至三十四条（国家保障），第三十五至三十六条和第四十六至五十一条（社会保障和社会服务）等条款，在法条中多次出现"国家和社会应当……""社会团体、企业事业单位和其他组织应当……""全社会应当……""国家提倡和鼓励……""国家和社会采取措施……"等空泛规定，一无明确执行主体、权利义务承担人和实现方式，二无相应的制约条款和惩处、诉讼程序，法律条文如宣言式文件般空洞，不明确和不可操作，不能负起"定分止争"之责任，也无体现"强制力保证实施"这一法律基本特征。法律犹如草纸般毫无威严，更像是一种"大而无当"的道德文字宣言，或者说是附加了法律形式的政府政策。是为"法律道德化"。

三是"道德法律化"条款。最典型的"道德法律化"条款是第十四条（赡养人应当履行对老年人经济上供养、生活上照料和精神上慰藉的义务，照顾老年人的特殊需要）、第十八条（家庭成员应当关心老年人的精神需求，不得忽视、冷落老年人。与老年人分开居住的家庭成员，应当经常看望或者问候老年人），其中之"精神慰藉"和"（心理上）不得忽视"此类违反事物本质、直指人内心的法律条文，读来令人莫名其妙，其可行性究竟有多高呢？貌似高尚的法条是否反而越界侵犯了公民的基本权利和虚化了公民的道德？对此，法学者梁治平先生在《寻求自然秩序中的和谐——中国传统法律文化研究》一书中有关章节给予了明确解答，现摘抄如下：

"……就事物本性来说，法律不可能直接作用于人心，它的直接对象是行为……这种直接对于人心的要求实在是远远超出了法律实际上能够奏效的范围。由这种不能为而强为之的情形必定产生手段与目标的严重脱节，僵化和流于形式自然容易出现。……以法律去执行道德，其结果不但是道德的外在化，而且是道德的法律化。这种外在化、法律化了的道德，又不但不是道德，而且是反道德的。……这种将道德外在化、法律化的做法限制乃至取消了道德所立足的自由前提，它的一个附带的结果便是普遍之虚伪的产生。……其结果是取消了道德，磨灭了人们的道德意识，把所谓德行变得徒具虚名。"

简而言之，“道德法律化”的立法，一是作用无效，二是侵犯自由，三是虚化道德。另外，如《史记》所载，“有腹诽之法比（即法律类推），而公卿大夫多谄谀取容矣”。“道德法律化”的立法，因缺少客观标准，很大可能产生无确定性、可预测性之恐怖法律，如何查实断定只能依仗当权者之圣裁臆断或者进行选择性执法了。特别是，在刑法、行政法等“公法”领域，滥设定没有确定性和可预测性的法律条款可能（对社会秩序和公民权利）造成的损害和不良影响，远远大于不法行为（和不道德行为）漏网免受惩处造成的损害。（另据了解，“道德法律化”的立法并不少见，如某部行政法就规定了惩处：“第五十三条……必须遵守纪律，不得有下列行为：……在对外交往中损害国家荣誉和利益；参与或者支持色情、吸毒、赌博、迷信等活动；违反职业道德、社会公德；……”对于法律无法明确界定的“国家荣誉”“迷信”“社会公德”之类词语，实不应该出现在对当事人具有惩罚性质的法条中。

中国古代法的“礼法传统”及其内含的“法律工具论”与“法律道德化和道德法律化”两项基因，在当代对推进法治（rule of law）下的立法和司法活动而言，肯定是专制糟粕而非传统精华，是沉重负担而非本土资源。对于立法者、司法者来说，应认识到，法律应是区别于道德的社会规范，应具有确定性、可预测性和强制保障性，只能调整和引导人的外部行为而不能直接干涉人心。政府和公民应当依法守法，而且所遵守之法应该是“良法”，是遵循一定规律、具有一定“社会契约”性质的规范，而不应是镇压和统治的“王者之政”，也不应是一姓一党推行其“意志”的操作工具，无论是君主权力的意志，还是“执政党（或者是人民）”的意志。这才是“法治意义下的法律应是什么”问题的较为正确的回答。

裁判终局与司法惯性

彭　勃*

历经八年四次死刑判决，终审被宣告无罪的念斌，出狱不久又被当地警方再次列为犯罪嫌疑人，限制出境。此事一经媒体报道，立刻引发舆论哗然。据不完全统计，在网络上相关的报道和评论浏览量已经有数千万。念斌案的突变，为什么引起这么多人的关注？这不仅是因为该案的一波三折充满了戏剧性的色彩，更为重要的是，在依法治国的语境之下，念斌案所涉及的刑事诉讼理念、目的与结构的问题，给人们的正义观和价值评判带来了前所未有的冲击。

一、一事不再理与禁止双重危险

对无罪释放人员重新立案、侦查是否违反了法律的规定？如果确实发现了新的证据，是否意味着应当追求“不放纵任何坏人”的实体结果？如果再次认定当事人无罪，能否无休止地“将追诉进行到底”？

从比较法的角度看，关于刑事裁判终局效力存在着一事不再理 (ne bis in idem) 和禁止双重危险 (against double jeopardy) 两种被广泛认可的理论。大陆法系各国一般强调前者，即认为刑事终审判决生效后产生既判力。对于本案件而言，无论判决结果是否有误，对当事人两造都会产生制约：被告人及公诉机关的诉权随之穷尽，被告人不得再行提起上诉，公诉机关亦不得就同一犯罪事实另行提起公诉。英美法系则更重视后者，即主张应避免反复追诉给当事人带来诉讼负累和人权侵害。

* 作者为深圳大学法学院副教授。

在国际法上，联合国《公民权利和政治权利国际公约》第 14 条第 7 款规定："任何人已依一国的法律及刑事程序被最后定罪或宣告无罪者，不得就同一罪名再予审判或惩罚。" 我国政府虽已于 1998 年签署了该公约，但是一直没有启动提交全国人大审议的程序。

追本溯源，上述各国刑事裁判终局效力的基本原则和法条规定，实际上都来自罗马法上的一个古老的原则——既判力。现今在各国虽然体现为不同的概念及表述，但基本含义却大致相同。奥地利学者在评论联合国《公民权利和政治权利国际公约》时即指出：既判力原则、一事不再理原则、禁止双重危险规则三者同义（Nowak，1993）。日本学者在历史性考察中也认为一事不再理和禁止双重危险渊源相近，其在诉讼的具体效果上并无区别（田宫裕，1978）。

从功能上看，刑事裁判的终局效力有两层含义。一是裁判的形式确定力，即判决一经宣示，作出裁判的法院就受判决的约束，不得随意撤销或变更司法判旨，在当事人的诉讼权利行使完毕后，该裁判即具有程序上的效力；二是实体确定力，即刑事裁判对裁判内容发生的约束力，对于案件的事实和证据不再争议，形成盖棺定论的效果。

同时，刑事裁判的终局效力还体现在程序安定性方面。程序安定性系指程序的不可逆性、程序的时限性以及程序的终结性。正如布莱克大法官所言，"拥有各种资源和权力的国家不应当被允许因为一个公民一项被指控的犯罪，而反复作出试图使他得到定罪的努力，以致把他置于尴尬、消耗和使其意志遭受痛苦磨难的状态之中，迫使他生活在一种持续的焦灼和不安全状态之中，同时增加即便他无罪，但也会被判定有罪的可能性"。

然而在中国，刑事裁判的终局效力既缺乏立法条文的规定，学界也没有充分地加以研究。中国刑事诉讼长期奉行"实事求是""有错必纠"的司法理念，几乎不受限制的纠错机制造成了刑事追诉的恣意化以及诉讼形态的虚化。例如，在诉讼结构中，检察机关的起诉和抗诉裁量权过大，再审程序启动的标准模糊；在诉讼结构之外的权力关系错综复杂，舆论传媒、民意诉求等甚至能够左右诉讼的结果。因此，在实践中，程序逆行、重复追究刑事责任、当庭变更罪名和起诉书、不当启动刑事再审程序等案例屡见不鲜，导致诉讼程序和结果呈现出严重的不确定性。这种现象不仅影响了刑事司法的权威性和安定性，也将被告人的人权长期置于不确定的状态之下。

毋庸讳言，刑事裁判的终局效力既保护了无辜者，也可能保护了事实上有罪的人。允许重复追诉可能有利于将被放纵的真凶绳之以法，但亦会造成无辜者承受周而复始的诉累。然而，必须指出的是，无辜者蒙冤和有罪者侥幸逃脱所产生的危害并不是等量的。冤案的发生同时也意味着真凶的逍遥法外，其社会成本至少是放纵犯罪的两倍。所谓“宁可错放十人，也不冤枉一人”，正是这种正义观与诉讼理性的体现。

二、司法惯性之恶

事实上，自念斌被无罪释放以来，社会上就有一种论调，否定该案为错案，反而刻意强调念斌是“因为证据不足”才被释放的，甚至暗示这是律师“钻了法律的空子”，才有了所谓“中国的辛普森案”。基于“真凶还未抓获，相关人员仍是嫌疑人”的思维，公安机关找到了对念斌重新立案与侦查的“民意基础”。不清除这种错误认识，则法治的效果难以得到彰显。

念斌案件的诉讼与刑罚执行的8年期间，当地警方并未能找到充分的有罪证据，甚至涉嫌严重的证据造假问题。然而在法院的无罪判决之后，警方在极短的时间内就发现了“新的证据”，又重新将念斌列为嫌疑人。如此看来，该案已经陷入一种悖论之中，即必须有“新的证据”才可以再次立案并将念斌列为嫌疑人；而由于案件处于侦查阶段，公安机关可以不公布相关“新的证据”。可见，该案的程序处于一种“暗箱”的状态，外界无法得知案件的真实信息，因而无从判断其合法性和必要性。

另一方面，人们应当警惕该案背后存在的“司法惯性”。那就是，命案必须侦破，疑案必须有嫌疑人；“真凶”没有落网之前，相关人员就不能洗脱嫌疑，否则就是“无法告慰死者”。这无异于是一种“枉法惯性”。既然没有证据证明他犯罪，还要强行给念斌贴上“犯罪嫌疑人”的标签，“有罪推定”的办案逻辑昭然若揭。

一国设置刑事司法制度的目的是形成法治，实现公正正义，维护公民的基本权利。因此，司法权的启动与运行必须遵循必要性和谦抑性的原则，动之于必动，止之于当止。一旦刑事司法脱离了既定的理性目标，则其作为国家机器所特有的惯性就如同脱缰的野马，易放难收，容易造成难以弥补的弊害。

司法惯性的消极作用会引发一系列的制度之恶。例如，一旦采取了强制措施或提起了公诉，惯性的力量便促使一些办案人员千方百计地去寻找嫌疑人有罪的线索，而对当事人的无罪辩解熟视无睹。究其原因，刑事程序如果终止并开始纠偏，就意味着办案人员的侦查行为、起诉行为以及审判行为都存在过错，其个人的声誉及利益都会受到贬损。由于司法惯性的作用，错案的演进往往得不到有效遏制。相反，一些错误则被人为掩盖、持续累积，最终不可收拾。同样由于司法惯性的作用，受害人也得不到及时的救济与支援，甚至出现“将错就错”或二次伤害的现象。这就是为什么佘祥林、赵作海等错案难以纠正的制度原因。

三、程序安定与走出惯性

当今中国的刑事司法，应当重视诉讼程序和结果的安定性。既判力的引入、程序安定价值的实现、法秩序的维护、司法权威的树立等均须以法治为前提。与之同样，如何消除异化，遏制司法惯性，增强司法的纠错与自省，应当以司法的改革为切入。然而，刑事司法改革不应简单立足于某一具体案件或社会现象并寻求对策，而应回归其内在的演进规律，从原理到技术，从个案至普适，从根干至顶层，积跬步以成千里。笔者亦深信，念斌案件所引起的关注和争论，对于中国刑事程序改革定然裨益良多。正如俄国哲学家亚·伊·赫尔岑所言：“为了严格遵守权利和竭力保护权利，有时会使罪犯借此隐藏起来。那就让他去吧。一个狡猾的贼漏网，总比每个人都像贼一样在房间里发抖要好得多。”

陈永洲案距离法治要求还有多远

周遵友*

2014年10月17日，湖南省长沙市岳麓区人民法院宣布：原广东《新快报》记者陈永洲因犯有损害商业信誉罪和非国家工作人员受贿罪，判处有期徒刑1年10个月，并处罚金人民币1万元；追缴其犯罪所得人民币3万元，上缴国库。在陈永洲案中同时遭到刑事处罚的还有卓志强，他在案发前曾是《每日经济新闻》报社的记者。此案的另一个关键人物是原《每日经济新闻》华南新闻中心副总监朱宗文，曾系卓姓记者的领导，仍然在逃。

陈永洲曾经一连发表15篇针对中联重科的调查报道，这些报道谴责该家机械制造企业实施了虚报利润以及其他财务造假的行为。2013年10月18日，湖南警方以涉嫌“损害商业信誉罪”为由将其刑事拘留。陈永洲的老东家《新快报》大胆反击，连续两天在本报头版发表社论，呼吁湖南警方放人。此后，具有讽刺意味的是，陈永洲在央视节目中向公众坦白称他是为了个人名利而发表了由第三方提供的假新闻。于是，《新快报》便又不得不公开道歉。不久，广东官方吊销了陈永洲的记者证，免去了《新快报》社长（兼主编）和副主编的职务。

此案发生之时，全国正掀起一场打击制造和传播“网络谣言”的运动，该运动旨在强化政府对于新媒体的管理。打击网络谣言的行动在国内新闻记者和知识分子中间引发强烈的不安，因为他们担心该行动侵犯到了新闻自由，而这种自由是被《世界人权宣言》和其他国际人权公约所保护的一项基本人权。

毋庸讳言，中国在追求新闻自由的进程中还有很多工作需要做。不过，

---

* 作者为德国马普外国与国际刑法研究所研究人员，中国部主管。

这还只是问题的一个方面。问题的另外一个方面是：中国的新闻媒体是一种社会公器，媒体人士也就掌握了准公权力；正如真正的公权力现已遭到普遍滥用并已引发系统性腐败一样，新闻媒体的准公权力也被普遍滥用，寻租行为司空见惯，新闻界正在不断丧失民众的信任。

新闻寻租现象如此严重，以至于中国新闻界大佬之一、财新传媒总发行人兼总编辑胡舒立女士不得不站出来谴责陈永洲案中暴露出来的新闻寻租问题，并公开承认这已经是业界的“顽疾”。然而，当胡女士呼吁业界同行们从该案中吸取教训并加强自律时，她却遭到某些同行们的谴责与嘲笑；这些人反对的不是胡女士指出的新闻寻租问题，而是指责她作为新闻人士没能站在陈永洲一边为新闻自由而呐喊。

任何自由都有自己的限度，都必须在法律范围内行使，新闻自由也不例外。记者们有权在不受国家干预的前提下自由地传播信息与思想，包括发表批判性的新闻报道，但是他们并没有超越法律之外的特权。某些业界人士暗地里进行权钱交易，但在公开场合俨然以正义者自居，通过发表调查新闻稿件的方式对涉嫌违法的企业厉声苛责，他们的这种行为在性质上与贪官污吏们在主席台上义正词严地大谈特谈廉洁与反腐没有两样。

陈永洲于 2013 年 10 月被湖南警方拘捕时，曾在国内引发滔滔舆论。然而，当湖南地方法院于一年之后对其宣布有罪判决时，国内舆论界的反应却是异常冷淡。才一年的时间，媒体人和百姓们似乎已经把当年新闻战线上这位“正义斗士”给忘了。一审判决之后，陈永洲似乎并未上诉；客观来看，这个判决结果对他来说，不算过重。尽管幕后指使者朱宗文尚未归案，陈永洲案基本上已经尘埃落定了。然而，本案中尚有几个重要问题未能得到解答：

首先，陈永洲针对中联重科的调查报道有多大的虚假性？如果这 15 篇报道中存在全面的或者大面积的错误，那么据此可以认定记者具有犯罪故意。可是，如果调查报道只有一小部分的错误，而且这些错误又都是因失误造成的，那么这家公司应当承担因自身违法行为而造成的名誉和财产上的损失。毕竟，没有哪个新闻记者能够保证其报道百分之百地正确。

其次，是谁向陈永洲行了贿？陈永洲在央视节目中公开忏悔，他说有个“第三方”为了发表这些负面报道而向他支付了费用。这个第三方到底是谁，官方一直都未正式披露。该案判决中披露了朱宗文指使陈永洲撰写和发表调查报道的过程，但却未说明他这样做的目的是什么，其资金又是来自何处。不过，坊间传言已经认定中联重科的某家同行竞争对手就是那个支付资金的第三方。根据中国法律，行贿也是应当受到处罚的犯罪行为，幕后的这个第三方也应当被绳之以法。

再次，《新快报》内部还有谁收了贿赂？这家报纸在陈永洲坦白认罪后道歉说他们对于陈永洲的新闻稿没有严格审核把关。可是业内人士称：陈永洲很有可能在报社内部还有同伙，这是因为如果没有主管领导的协助，他绝不可能连续发表那么多篇针对同一家公司的负面调查报道。倘若被解职的两位报社领导也收了贿赂，那么解职是不够的，同时还应对其展开刑事调查。

最后，在中央电视台节目中公开播放陈永洲的忏悔是否合法？人们可在央视节目中看到，陈永洲被戴上手铐，被剃了光头，穿着囚服。这种公开羞辱犯罪嫌疑人的做法已经明显违反了最高人民法院、最高人民检察院和公安部于 1992 年 11 月 14 日联合发布、现在仍然有效的《关于依法文明管理看守所在押人犯的通知》。而且，央视无视新闻中立的基本准则，在本案尚未审理之前，似乎就已宣布陈永洲是有罪之人。

在陈永洲案中，《新快报》、中联重科、中联重科的竞争对手、湖南警方以及中央电视台等各方均卷入其中，彼此之间互动与较量。在这场由各方参与的游戏中，前记者陈永洲不过只是一个无名小卒而已。现在，陈永洲已经受到惩罚，而游戏中的大玩家们似乎并未受到影响。人们很难相信，这些大玩家们都遵守了法律。

备受关注与期待的中国共产党第十八届四中全会已经于 2014 年 10 月下旬召开，这是中共党史上第一次将全委会的主题确定为“依法治国”。四中全会通过了《关于全面推进依法治国若干重大问题的决定》，这标志着中国共产党已经下定决心以法治方式管理国家、约束政府和保护公民，并以法治方式为以后的全面改革护航。可是对照四中全会的这个《决定》，笔者不得不说：在陈永洲案中，除非所有违法犯罪者都被依法惩处，否则正义便没有得到伸张。

我经历的1952年高校院系调整和北京政法学院的成立

陈光中*

1952年的夏天，我从北京大学法律系毕业，留系任助教。正值全国进行高等学校院系调整工作，我也从北大法律系调整到筹建中的北京政法学院，并参加了筹建工作。转眼间62年过去了，我从当年22岁的小助教成为今日白发苍苍的老教授，北京政法学院也已发展成为全国知名的中国政法大学。但全国高校院系调整，北京政法学院成立的片断往事仍恍如昨日，历历在目。现结合有关资料记述如下。

1952年进行的高等院校院系调整是新中国高等教育史上一件非常重大的事件，对于我国高等教育的影响至为深远。新中国成立后，实行向苏联学习的"一边倒"政策，高等教育领域也要求全盘苏化。1950年6月8日召开的第一次全国高等教育会议，认为"旧中国的高等教育制度是半殖民地半封建社会的产物"，确立了"以苏为师"的改革方向。苏联模式将高等院校明确区分为文理科综合性大学和独立的专门性学院。1952年5月，中央政府教育部草拟了一个《全国高等学校院系调整计划(草案)》，提出："应根据国家建设的整个计划和各地各校的主观力量，分别轻重缓急，有步骤地，有重点地分期进行；1952年主要调整京、津、沪、杭、宁、汉、长沙、广州以及安徽、山东的大城市的高等学校；高等学校的内容和形式，均按政务院关于学制改革的决定及高等学校暂行规程办理，即按大学、专门学院及专科学校三类分别调整充实。"后来在《关于全国高等学校1952年的调整设置方案》中则明确提出，这次调整主要是发展专门学院，首先是工业学院，并整顿与加强综合大学。以华北、华东和东北三区为重点实施全国

---

* 作者为中国政法大学终身教授，曾任校长。

高校院系调整。这次院系调整的方式是，除保留少数文理科综合性大学外，按行业门类建立单科性高校；从旧大学中调整出工、农、医、师范、政法、财经等科，建立专门学院。另外，还根据计划经济和工业建设的需要设置了新的专业，而人文社会科学的一些学科由于被认定为“资产阶级性质”而遭到否定，政治学、社会学等学科被取消。

1952 年的高校院系调整规模是很大的，中央人民政府高等教育部《关于一九五三年高等学校院系调整工作的总结报告》中指出：“迄一九五二年底，全国已有四分之三的院校完成了这一工作，其中以华北、东北、华东三个地区调整较为彻底。经过这一调整，私立高等学校全部改为公立，各院校的性质和任务均较前明确，工科院校得到了发展，综合大学得到了整顿。”关于私立大学问题，早在院系调整之前，中央政府就开始逐步取消教会大学，并改造和限制私立大学。1952 年院系调整的过程中，教会学校全部撤销，私立大学全部并入或改为公立。比如，近代中国著名的教会大学——燕京大学被认定是“美帝国主义文化侵略的标志”而遭撤销，相关院系分别被并入其他高校，同为教会大学的辅仁大学也大部分被并入北京师范大学，校名取消。被保留的综合性大学也被重新拆分组合，比如北京大学被定为文理科综合性大学，保留了一些基础学科进行研究，其他的学科大多分离出来成立专门学院。北京海淀区“八大学院”之名就来自首批兴建的八所专门性学院，即北京航空学院、北京地质学院、北京矿业学院等。这也是现在中国政法大学（研究生院）所在的学院路的历史由来。

北京政法学院成立的另一个历史背景是废除六法全书和司法改革运动。全国解放前夕，中共中央发布了《关于废除国民党〈六法全书〉和确定解放区司法原则的指示》。《指示》指出，“国民党全部法律只能是保护地主与买办官僚资产阶级反动统治的工具”，“在无产阶级领导的工农联盟为主体的人民民主专政政权下，国民党的六法全书应该废除。人民的司法工作，不能再以国民党的六法全书为依据”，“司法机关应该经常以蔑视和批判国民党《六法全书》及其他一切反动法律法令的精神，以蔑视和批判欧美日本资本主义国家的一切反人民法律法令的精神”。这一《指示》在相当长一段时期内决定了对待旧法和西方国家法律的态度。

按照《指示》的精神，国民党的法院及其人员都是为统治阶级服务的旧国家机器，要砸烂旧的国家机器，调整这些人的工作。根据此种要求，1952年，一场全国性的改革司法机关，反对旧法思想的司法改革运动迅速展开。建国初期司法机关的大部分司法人员接受的是“旧法”观点，被称为旧法人员。在这场运动中，旧法人员6000多人被清出审判工作队伍，约占当时全国审判队伍的22%。而留下来的人员空缺，主要由工人、农民和转业解放军等填补。这部分填补的人员虽然政治可靠，但他们存在的共同问题是专业知识贫乏，工作经验空白，难以满足司法工作的需要，亟需用马克思主义法律观培养的法律人才来弥补充实。于是改造旧大学法律系和建立新的政法院校成为当务之急。在这次高校院系调整中，政法院系进行了大幅度的改造。教育部贯彻中央指示精神，按照“每大区如有条件具备时，得单独设立政法院校”的原则，合并大区范围内综合性大学的法学院系成立独立的政法学院。在北京、重庆、上海、武汉和西安分别设立了北京政法学院、西南政法学院、华东政法学院、中南政法学院和西北政法学院等五所政法学院。

正是在这样的历史背景下，中央决定将北京大学法律系政治系、清华大学政治系、燕京大学政治系和辅仁大学社会学系等专业剥离出来，合并成立单独的北京政法学院。

1952年的6月，虽然院系调整工作已初步展开，但有些情况并没有对普通师生公布。我当时和其他同届同学参加广西的土地改革运动一年刚回来不久，正等待毕业分配。建国后高校从1951年开始实行毕业生统一分配制度，个人可以填写志愿但必须服从组织分配。我无意从政，志在高校任教，继续深造的愿望非常强烈。由于当时只有人民大学聘请苏联法学专家培养研究生，我就申请到人民大学法律系读“国家和法的理论”研究生。递交申请书后没多久，北大法律系主任费青叫我到他办公室谈话。之前我未见过费青主任，刚进办公室，就看到一个叼着烟斗的矮胖中年人在那里，我知道他就是系主任费青。费教授面带微笑对我说：“你叫陈光中吧！坐下来，我跟你说几句话。”费青是著名的国际私法教授，又是系主任，我对于这次谈话没有一点思想准备，感到有点紧张，一时不知道说什么好。费教授接着说：“根据一些助教的推荐和我们对你的了解，你思想进步，学习成绩优秀，目前系里缺少助教，打算让你留校担任助教。”留校任教是十分荣耀的事，也符合我的志向，我立即表示同意和感谢。

留校后尚未开始工作，我们就接到了学校下发的内部通知，中央决定将北大法学院的法律系和政治系并入即将成立的北京政法学院，我也与法学院的广大师生一起投入到北京政法学院的筹建工作中。

1952 年 8 月 23 日，“北京政法学院筹备委员会”宣告成立，委员会由钱端升、韩幽桐、陈传纲、朱晏、戴铮、刘昂、费青、严景耀、于振鹏、程筱鹤、夏吉生 11 名委员组成，钱端升任主任委员，韩幽桐任副主任委员。钱端升教授是享誉中外的政治学宪法学专家，时任北大法学院院长。筹备委员会的工作紧张有序地进行着，在 3 个月的时间里共举行了 4 次工作会议。

我由于年轻，参与筹备工作比较具体。首先是让我去上海集合新生，带到北京政法学院报到。当年录取的新生原来报考的分别是北大、清华的法律、政治专业。当看到录取通知书上却是北京政法学院时，部分学生表示不理解，有的不愿入学报到。这就需要去向他们做解释说服工作，并带领他们一起到北京报到。

回到学校，又安排我去购买图书。筹建中的北京政法学院图书馆没有自己的藏书，虽然从北大图书馆分到一些旧书，但数量有限，杯水车薪，远不能满足教学需求。筹委会办公室授权让我到新华书店购买尽可能有用的图书，我在书店认真挑选法律、经济、哲学、文学等诸多书籍，只要能用得上的书籍都尽可能购买。

筹备工作紧锣密鼓地进行着。1952 年 9 月 16 日，教育部向中央人民政府政务院文化教育委员会呈报《关于成立北京政法学院的请示》。9 月 27 日，政务院文化教育委员会作出了“文教办徐字第 364 号”的复函，批复“拟予同意”。这标志着北京政法学院即将诞生。

刚刚成立的北京政法学院由原北京大学、清华大学、燕京大学、辅仁大学的师生组成，学院领导大多由华北行政委员会和原华北人民革命大学调来的干部担任。华北人民革命大学是中国共产党鉴于新中国成立必须要有自己的干部队伍，在当时划分的华北大行政区成立的革命大学。设立的目的是“为了培养国家建设人才，给有志于为人民服务的新旧知识分子以学习和工作的机会”。在 1952 年的院系调整中，华北人民革命大学同其他革命大学一起被合并到当地的各大高校中。所属人员一部分被分配到基层工作，一部分去了中央政法干部学校，还有一部分被分配到了筹建中的北京政法学院，担任各级领导或者教学工作。如北京政法学院党组书记、第一副院长武振声，教务长刘昂等。做教学工作的有高潮、卢一鹏、凌力学等人。从四校调整过来的教师名单原有 45 人，后来有的另调到其他单位，实际调整过来的北京大学最多，有钱端升、费青、芮沐、吴恩裕、吴之椿、黄觉非等教授，汪暄、杨翼骧、阴法鲁、王利器等副教授，潘汉典、朱奇武、程筱鹤等讲师，罗典荣、周仁、宁汉林、张国华、余叔通、张鑫、欧阳本先、陈光中、潘华仿、张文镇、林道濂等助教；燕京大学有严景耀、雷洁琼、张锡彤、陈芳芝、徐敦璋、张雁深等教授，夏吉生、赵宗乾等助教；清华大学有曾炳钧、于振鹏、赵德洁、邵循恪等教授，杜汝楫讲师；辅仁大学有李景汉、戴克光、洪鼎钟三位教授。

当时的看法是这些教师中的教授、副教授一般属于“旧知识分子”，受西方学校培养，学的也是“旧法”，不能够直接为新中国培养政法干部。根据废除六法全书和司法改革的指导思想，为彻底肃清旧法观点对法律院

北京大学调整到北京政法学院的五班三组同学合影

系的影响，他们一般不适宜直接担任政法教学工作。但是根据党的统一战线政策，对于少数民主进步教授适当安排职务，如雷洁琼、费青担任副教务长等。其他人除个别定性为历史反革命另作处理外都参加学习组，由雷洁琼带领大家集体学习，批判旧法，改造思想。我们这些青年讲师、助教毕业不久，受旧法影响不深，大多是党员或团员，可以从事一定的教学辅助工作。我还被派往中央政法干部学校进行为期半个月的培训，学习司法改革政策。回校后向全体同学作司法改革的辅导报告。

当时北京政法学院不按学科分系，全部学员或学生统一分为六个班级进行编排管理，其中第一、二、三班是干部培训班，学员都是有过解放前革命工作经历的地方干部，转到政法战线后需要进修学习。第四、第五和第六班是院系调整前原四校的青年学生，原大学二年级、一年级的为四、五班，刚被录取的新生为六班。这三个班级的班主任都是有革命经历的干部，级别大体相当于副处级，副班主任由助教担任。宁汉林、潘华仿和我分别担任第四、五、六班的副班主任。第六班的学生都是原来报考北大、清华政治系和法律系的学生，共有一百五十人左右，第六班的学生中后来从事法学教学研究工作的有储槐植、徐杰和严端等知名教授。为适应司法改革之后对新政法干部的迫切需求，干部培训班和青年学生班的学制分别为一年制和两年制，青年学生毕业后颁发大专文凭。但是原四校学生和新入学的学生报考的是本科，毕业时发大专文凭显失公平，考虑到学生的强烈要求，学校颁发的毕业证书只写“北京政法学院毕业”，不显示是大专还是本科。从 1953 年开始，新招收的学生颁发大专文凭，1954 年以后的招生就正式改为 4 年制本科。

学校的课程设置中，政治课程占大部分，开设哲学（辩证唯物主义与历史唯物主义）、政治经济学、中共党史等课程，哲学课主讲《实践论》《矛盾论》；涉及法律业务的课程仅有《共同纲领》《婚姻法》《惩治反革命条例》等很少部分，并重点讲当时正在进行的司法改革运动。课程采取单元制教学模式，每学期划分为若干不同学习课程的单元，每单元集中学习两三个月。具体课程请校外的领导或者知名专家在礼堂上大课，如请艾思奇、孙定国讲哲学，谢觉哉讲政法政策等，年轻教师则上辅导课。在学习方法上强调理论联系实践，学生在每单元结束时要写学习总结，不仅要结合所学理论

北京大学红楼——北京政法学院成立时的校址（1952.11—1954.2）

批判旧法，而且要联系个人的思想实际，写自己思想认识的提高和世界观的改造。青年学生感到学习到的知识太少，对于这样的课程设置和学习方法有一定抵触情绪。单元制课程的存在时间不长，随着1954年改为4年制本科，课程设置也开始正规化了。

北京政法学院当时的办校条件非常简陋。学校没有一个完整的校舍，所使用的是原北京大学旧址——沙滩校区的一部分，而且是与北京大学、中央财经学院共用沙滩校区，相当拥挤。根据三方协商，归属北京政法学院专用的，只有沙滩校区自西校门起往东到东墙，广场内电钟以北的狭小区域，以及灰楼、活动楼、新灰楼、北楼。其他设施如广场、浴室等均为三校合用。这种情况也是不得已的权宜之计，选择合适的新校址迫在眉睫。根据中央安排，新校址选择在北京西北郊土城，即后来的海淀区学院路41号，现在的海淀区西土城路25号。1954年2月12日，北京政法学院全部搬迁完成，开始了法学教育和研究的新征程。

1952年11月24日，经过整整半年的孕育和筹备，北京政法学院在沙滩的小礼堂隆重举行了成立典礼。典礼的场面我至今仍记忆犹新，中央人

1952 年 11 月 24 日，北京政法学院正式成立时的嘉宾签到簿

中央人民政府任命通知書 府字第 號

茲經中央人民政府委員會第二十一次會議通過任命錢端升爲北京政法學院院長

特此通知

主席

一九五三年一月十四日

中華人民共和國中央人民政府之印

1953 年 1 月 14 日，毛泽东任命钱端升为北京政法学院院长

民政府内务部部长谢觉哉，中央人民政府教育部部长马叙伦，最高人民法院副院长张志让，中央政法委副主任张奚若、彭泽民，秘书长陶希晋，法制委员会副主任许德珩，华北行政委员会副主任刘秀锋，最高人民法院华北分院副院长韩幽桐等亲临典礼现场，谢觉哉、马叙伦、张奚若、彭泽民、刘秀峰等分别讲话和致辞。钱端升教授发表了讲话，对北京政法学院的成立进行了回顾，并希望广大师生团结一致，克服困难，摸索出一套比较好的政法教学方法，共同完成党和国家赋予的任务。

在成立典礼的前一天，毛泽东主席亲笔题写的校名送到了学校。五大政法学院中，只有北京政法学院的校名是毛泽东题写的，其缘由是 1952 年 10 月 12 日和 11 月 10 日，钱端升教授两次写信给时任中央人民政府秘书长的林伯渠同志，恳请毛泽东主席题写校名。同年 11 月 23 日，林伯渠致函钱端升，告知“题字已写好，兹送上，请查收”。第二天，举行开学典礼时就悬挂起了这块“北京政法学院”的校匾。

最后，还需要说明的是，钱端升教授在举行北京政法学院成立典礼时仍是筹备委员会主任，因为北京政法学院院长是由中央人民政府主席毛泽东任命的，因此延至 1953 年 1 月 14 日才任命下来。

成本收益分析、信息安全与选择

——哈佛大学桑斯坦教授耶鲁三场讲座后的追记

宋华琳 *

凯斯·桑斯坦（Cass Sunstein）教授在2013年受聘为哈佛大学Robert Walmsley教授，这也是哈佛大学的大学教授（University Professor）席位，是哈佛对其教师给予的最高荣誉。哈佛大学大学教授的讲席设立于1935年，用以褒奖那些打破传统学科边界，在知识前沿领域进行探索的学者。桑斯坦是继宪法学者弗兰克·米歇尔曼（Frank Michelman）教授（1992–2012）之后，又一位出任哈佛大学Robert Walmsley冠名教授的学者。

桑斯坦教授被认为是他同一年龄段中最有影响的法律学者，美国引用率最高的法律学者之一，全球最为高产的学者之一。他的研究已经不限于法学，而且触及社会科学及许多公共领域。哈佛大学校长这样说："桑斯坦的学术工作给那些老问题注入了新活力，为法律理论研究者开辟了新方向，创造性地借鉴法律之外的内容，给出的洞见不仅丰富了法律话语，而且拓宽了思想的世界……他是学者、教师、导师、同事，并在极其广泛的公共事务领域作出了不同寻常的贡献。"

桑斯坦的研究领域有五个方面：行为经济学和公共政策、宪法和民主理论、法律理论、行政法、风险规制。桑斯坦教授在2014年2月20日上午11点至晚6点间，在耶鲁大学法学院做了三场主题各异，但都彰显其研究特色和学术实力的讲座。第一场讨论成本收益分析，涉及他的行政法研究；第二场讨论信息安全和信息自由，显示了他对宪法、行政法、公共政策的综合把握；第三场讨论父爱主义与选择时，更彰显了他将行为法经济学和法律理论熔于一炉的精湛技艺。而我作为一名耶鲁短期访学的学人，作为

* 作者为南开大学法学院教授。

一位长期关注桑斯坦教授学术研究成果的中国公法研究者，有幸能聆听这三场讲座，也尽可能记录下了我的所见所闻所思所悟。在此不揣浅陋，记录下来以与同好分享。

一、信息与监管事务办公室（OIRA）和成本收益分析（CBA）

2014年2月20日的三场讲座，第一场严格意义讲不是讲座，而是桑斯坦在Christine Jolls教授的行政法课堂上客串一小时，讲解信息与监管事务办公室（OIRA）的运作及行政规制中的成本收益分析。Jolls教授早在1998年即和桑斯坦、泰勒（Thaler）在《斯坦福法律评论》上发表了《法和经济学的行为进路》；2006年又在《法学研究杂志》上和桑斯坦教授合作发表《通过法律去除偏见》（*Debiasing Through Law*）一文。

桑斯坦教授在11点10分至12点15分，在耶鲁法学院的一楼教室里，讲述了美国信息与监管事务办公室及成本收益分析的流变，政治控制与技术控制之间的紧张。其中提及成本收益分析的"人性化"（humanized），强调审查过程应更为公开、透明，增加公众参与。引入对规制的回溯性审查（look back），强化对问题的科学判断。强调法律制度设计中，引入行为经济学，要考虑规制如何影响公众的行为和选择，可以引入信息披露、警示等规制工具。

在问答阶段，他简要回顾了当年奥巴马提名他出任信息与监管事务办公室主任的过程，指出自己也曾倡导简化规则，着力推动缩减行政规则的篇幅和内容，并再次呼吁研究监管国际合作。桑斯坦这次授课的背景资料是他不久前在《哈佛法律评论》上发表的论文——《信息与监管事务办公室：幻象与现实》。可圈可点的是，从2009年至2012年，桑斯坦出任白宫信息与监管事务办公室主任，成为真实世界规制成本收益分析的操盘手，也被美国媒体抨击为"规制沙皇"(Regulatory Czar)。在卸任后，桑斯坦写下了《更简化：政府的未来》（*Simpler: The Future of Government*）一书。他另外撰文，提出了规制成本收益分析应关注的36个问题，指出应关注行政规制带来的协同收益，如何对待不能量化或很难量化的风险，审视行政规制的净收益，审视行政规制对气候变化的影响。

2012年10月，桑斯坦在美国律师协会行政法和监管实务分委员会主办的年会上被授予杰出贡献奖，在做获奖陈辞时，他做了类似的呼吁，要研究规则的简化，要研究监管国际合作，我当时也有幸在场聆听。此番再度听到他对这些问题的历陈，内心更是有别样的感受。我国的研究中，似乎仍未将这些问题纳入视野。

二、现代社会的信息自由与安全

2014年2月20日12点15分起，桑斯坦教授应耶鲁信息社会项目（information society project）邀请，作为Thomson Reuters讲座系列，在耶鲁大学法学院127教室主讲《变迁世界中的自由与安全：来自总统情报和通讯技术审查小组的报告》（*Liberty and Security in a Changing World: The Report of the President's Review Group on Intelligence and Communications Technologies*），该小组于2013年由奥巴马总统任命，桑斯坦教授是五名成员之一。

桑斯坦教授谈及了2013年年底这份报告的写作过程，提出了关于信息情报通信安全的一些原则，认为不应侵入私人生活。提及在国家安全、隐私、公民自由、经济增长、互联网自由等领域，应引入风险管理的理念，并可参较预防原则，对相关举措进行前瞻性及回顾性评估。建议很多大数据不应由政府来执掌。要厘清政府能搜集什么信息，政府搜集了什么信息。要引入风险管理，要区分合法和非法的目的，要促进形成国内和国际层面的网络和信息安全规范。

讲座的评论人是耶鲁法学院的宪法教授布鲁斯·阿克曼（Bruce Ackerman）和以宪法第一修正案见长的杰克·巴尔金（Jack Balkin）教授。阿克曼教授提出的问题是，总统设立情报和通讯技术审查小组的依据何在？巴尔金的评论则是司法在保障信息自由和信息安全中的作用。但根据自己浅陋的理解，可能由于研究旨趣的差异，感觉这两位宪法学家并没有真正理解桑斯坦这项政策研究的主旨及其实质内容。讲座有近百人，就耶鲁法学院的讲座而言，其规模也算很少见的了。

三、选择不去做选择

2014年2月20日下午4点15分至6点，桑斯坦教授应法理工作坊（legal theory workshop）邀请，在Faculty Lounge主讲他新近完成尚未发表的作品《选择不去做选择》，主持人是布鲁斯·阿克曼教授。

桑斯坦教授2014年1月完成初稿的这篇论文也很有趣，讲人们在很多情境下，倾向于不做选择，甚至被要求做选择时还是不去选择，有时候将选择权委托给他们信任的私人机构或公共机构。他又指出了区分主动选择（active choosing）和父爱主义（paternalism）之间的困难性。当人们不想做选择时，还非要被迫去做选择，这被视为非自由主义式的父爱主义，因为他们个人的选择被拒绝。相反，如果个人可以选择去选择或不去选择的话，则被视为是自由主义式的父爱主义。

但主动选择的价值，在于通过作出选择来进行学习，发展出自己对某个事物的偏好、价值和立场。这篇文章讨论在何种情境下需要进行主动选择，如何进行主动选择；讨论了在人们做选择或不做选择时，其分别是基于福利和基于自治；讨论了对选择者和选项设计者而言，积极选择的意义。最后又讲到了在普通市场中，本来是买家知道自己想要什么，但是在“大数据”时代，很多海量信息包含了个人的既有偏好，商家甚至从中可以预测个人喜欢购买什么（predictive shopping）。

桑斯坦最后总结，应该是个人做出主动选择，但也应尊重个人自治，让个人自愿做出自己的主动选择，让个人通过主动选择，促使个人空间、价值和能力的生长。就我而言，最大的启发是，行政法学如何引入机制设计，如何通过设定“默示”规则（default rule），来改变相对人的行为模式，从而达到可欲的效果。

桑斯坦教授花了不到十分钟讲述这篇论文，工作坊中，来自宪法、行政法、法经济学、公司法等等背景的学者，从行为经济学理论、认知心理学及个人感受等角度，进行了评论，桑斯坦也进行了回应。讲座持续到晚上6点才结束。

想来中国的讲座中，总有领导来主持，说很多寒暄和客套的话，然后主讲人也会讲很长时间，最后的提问和交流时间则非常短暂。但是在耶鲁的这个法理工作坊中，大部分参加人事先已经拿到了文稿，而且认真做了阅读，甚至进行了批注。所以工作坊上，没有寒暄，没有客套，可谓问题齐飞，火花四溅，也不会有什么新闻稿，也不会挂在网站上宣传，这才是真正的学术讨论，而不是中国目前惯常的学术红毯秀。

四、写在最后

十多年前，笔者就开始读桑斯坦教授的论著。他的专著、合著及主编著作合计三十多部。根据对在Heinonline数据库中收载其论文的不完全检索，他论文也至少有307篇。他自己也许不曾料想到，到今日他已成为美国法学界引证率最高的学者。根据Heinonline数据库2013年11月19日的检索结果，桑斯坦论文被引257篇，被引用次数达19405次。

桑斯坦教授在2012年下半年卸任白宫信息与监管事务办公室主任，回转哈佛任教之后，短短不到两年时间，出版了新著《更简化：政府的未来》，在《哈佛法律评论》发表了论文《信息与监管事务办公室：迷思与现实》，在《耶鲁法律杂志》发表74页的长文《行为经济学和父爱主义》，从福利和自治的角度，探讨行为经济学与父爱主义的关系。桑斯坦还于2014年在《哥伦比亚法律评论》发表46页的论文《成本收益分析的真实世界：36个问题，也许还有同样多的答案》，探讨成本收益分析的真实世界，提出了36个问题并作答。

2014年，桑斯坦教授还出版了三部新著，分别是《阴谋论及其他危险观念》《为什么助推？自由主义式的父爱主义的政治学》《为生命定价：规制国家的人性化》。这三部著作既是他之前研究成果的延伸，也都是振聋发聩之作。桑斯坦利用行为法经济学、认知心理学的知识，去探讨公法制度的改革，去探讨行政规制中的父爱主义，去探讨规制成本收益分析中的"人性化"。如果说学者的风格有开山斧和绣花针两种的话，那么桑斯坦无疑更多倾向于前者。但他早年也有关于行政程序、司法审查等的力作，而今的研究中，亦不乏将宏观理论与微观个案熔于一炉的精彩论述。

凯斯·桑斯坦是一位多产、敏思、睿智的学者，他对学术有着不倦的激情，更有着纯正的热爱。他成功地穿行于理论与实践之间，穿行于行政法、宪法、行为法经济学、规制理论、公共政策之间，他在观察真实世界的同时，逐步推进自己的学术研究和理论建构。他早晨身着棉服，拉着拉杆箱进入教室的身影，讲述行为经济学和成本收益分析时真诚的笑意，使得人愈加能从中体味到学术的意义与价值，以及为学术而学术的意义。研究者当更加勤奋，更多敏思，更多雄文，更多洞见（insight），更多坚持。

学海是无涯之岸，泛舟于其中当体会思考之乐，写作之快，应如饮醇酒，如沐春风。可惜在当今，学术雾霾也席卷祖国大江南北，让很多人貌似在很努力地前行，去努力迎合体制，努力获取各种符号与奖励。但这样做的结果，很可能是努力越多，问题越多，于个人，于学术，于国家，于社会，或许都并非幸事。

人权博物馆漫谈

王秀梅*

人权博物馆是博物馆中特殊的一种，它们不像教科书那样去教学生们国际人权保护制度如何、国内人权保护制度如何，而是集中展示人类在特定时期、特定地域严重侵犯人权的历史，以实物、照片、文件、访谈、影像资料等形式向非亲历者展现他们难以想象的人类侵犯人权的历史，以此促使人们反思，并提高人们的人权意识。

人权保护的发展往往以酷刑等侵犯人权的历史为背景，人权博物馆纪录的多是一个国家特定阶段或特定时期侵犯人权的历史、人民的反抗以及人权制度的进步。所以人权博物馆成为人们了解一国特定时期侵犯人权的历史的最好途径，也启发人们反思大规模侵犯人权的历史事实何以发生，以及如何通过制度建设来促进人权的保护。从类型上看，人权博物馆包括综合性人权博物馆、专题性人权博物馆以及含有人权内容的博物馆三类。下面简要介绍一些具有代表性的人权博物馆：

一、综合性人权博物馆

1. 智利“记忆与人权博物馆”：智利“记忆与人权博物馆”位于智利首都圣地亚哥，2010 年 1 月建成开放。该博物馆按照时间顺序陈列了皮诺切特独裁政府时期侵犯人权的一系列证据，如大量的物证、照片、视频、当事人的陈述、有关机构的调查等，成为人们了解智利那一段大量使用酷刑、暴力系统侵犯人权历史的活教材，帮助人们反思这一段历史。

* 作者为西北政法大学国际法学院教授。

2. 加拿大人权博物馆：2014年9月27日，加拿大人权博物馆在马尼托巴省首府温尼伯建成开放，它不但展示了加拿大在防止战争与冲突中的贡献，也展示了侵犯原住居民和少数族裔正当合法权益的错误行为。加拿大人权博物馆旨在为人们提供有关世界各国人权的资讯和接受教育的机会，是一个很重要的关于人权知识的科研、教育和学习基地。

3. 美国国家民权博物馆：美国国家民权博物馆位于田纳西州孟菲斯市，在洛林汽车旅馆的基础上建成，1968年民权运动领袖马丁·路德·金在这里被暗杀。馆内有时候会举办一些有关民权运动的展览。

4. 中国台湾人权博物馆（筹备）及其绿岛、景美人权文化园区：绿岛是台湾戒严时期关押政治犯的监狱之所在。景美人权文化园区位于台湾新北市新店区，过去常被称为景美看守所、警总看守所，原为戒严时期的警总军法处和“国防部”军法局所在地，是当时羁押并审理犯罪军人、一般重刑犯和政治犯的重地。

二、专题性人权博物馆

1. 奥斯维辛集中营纪念馆：1939年9月，德军占领波兰。1940年4月，开始建造奥斯维辛集中营主营，内设哨所看台、绞形架、毒气杀人室和焚尸炉。约有400万人，其中绝大部分是犹太人在此经受严刑拷打，惨遭杀戮。1945年1月27日，苏军解放了奥斯维辛集中营，当时里面只剩下7000名活着的囚徒，包括200多名儿童。1947年7月，波兰政府把奥斯维辛集中营改为殉难者纪念馆。为了使这一罪恶的行径不再重演，让后人记住这段历史，1979年，奥斯维辛集中营被列入世界遗产名录。

2. 以色列犹太人大屠杀纪念馆：以色列犹太人大屠杀纪念馆是以色列官方设立的犹太人大屠杀纪念馆，位于耶路撒冷，大屠杀纪念馆的活动包括：（1）记载；（2）研究；（3）教育；（4）纪念。此外，纪念馆专设一处以纪念那些在大屠杀期间承担巨大的个人风险，援救犹太人的非犹太人，他们被尊称为“国际义人”。

3. 侵华日军南京大屠杀遇难同胞纪念馆：侵华日军南京大屠杀遇难同胞纪念馆是中国南京市人民政府为铭记1937年12月13日日军攻占南京后

制造的南京大屠杀事件而筹建。一般简称为南京大屠杀纪念馆。纪念馆在中国南京城西江东门茶亭东街原日军大屠杀遗址之一的万人坑的基础上建立，1985年8月15日落成开放。纪念馆的陈列分广场陈列、遗骨陈列、史料陈列三大部分。这是全市各处集体屠杀所立遇难者纪念碑的缩影和集中陈列。

4. 英国利物浦国际奴隶制度博物馆：18、19世纪利物浦是一个通过奴隶贸易而走向经济发达的城市。1807年英国议会终于通过了《废除奴隶贸易法案》后，利物浦逐渐开始转型，由一个近代的海运城市变成一个现代的旅游城市。不过，经济文化的繁荣并不能抹去罪恶的历史，1999年，利物浦正式就贩奴历史道歉，市政厅的公告表示："为本市在这样一场人类悲剧的贸易中扮演的角色表示羞愧和懊悔。"2007年，在英国废除奴隶制两百周年时，利物浦建成了一座规模宏大的"国际奴隶制度博物馆"，主动承担起批判奴隶制度的责任。博物馆着重展示非洲人民对奴隶制度的反抗以及为自由进行的抗争，并展出废除奴隶制度运动时期的物品以及文献资料，如日记、奴隶贩卖发票等。

5. 中国台湾"二二八"纪念馆："二二八"纪念馆是为纪念"二二八事件"而设立的专门纪念馆。1945年10月，台湾光复以后，国民党政府代表中国接收台湾，然而国民党政权的专制腐败本质未变，在政治上贪污腐化横行，压迫和歧视台湾民众，经济上严厉管制台湾经济，侵害台湾民众利益，文化上忽视差异性，漠视了隔阂的客观现实，导致台湾民不聊生，怨声载道。1947年2月，以台北市缉烟血案为导火索，台湾民众爆发了"二二八起义"，又称为"二二八事件"。"二二八"纪念馆承担着进行历史真相"调查"以及历史教育的重要任务。

6. 南非种族隔离博物馆：南非"种族隔离博物馆"位于南非约翰内斯堡市，博物馆以丰富的史料和实物揭露了南非种族隔离时期的黑暗，并展出了当年为反对种族隔离斗争而献身的斗士如曼德拉的照片和事迹，同时也展示了南非结束种族隔离政策以来，这个曾经推行臭名昭著的种族隔离制度的国家如何从"黑白分明"发展成一个"彩虹国度"。

7. 卢旺达大屠杀纪念馆：1994年4月6日至1994年6月中旬，胡图族对图西族及胡图族温和派发动有组织的种族灭绝大屠杀，100天内共造成100万人死亡。2004年卢旺达种族大屠杀十周年之际，卢旺达大屠杀纪念馆建成开馆。纪念馆位于卢旺达首都基加利，包括遇难者姓名墙、墙壁满是弹洞的房子、“基加利纪念中心”等。遇难者姓名墙是一个持续的项目，该项目最终将显示成千上万之受害者的姓名，以提醒世人永不再犯。

三、含有人权内容的博物馆

1. 美国印第安人国家博物馆：印第安人国家博物馆建成于 1989 年，其中包括与人权密切相关的关于印第安人过去和现在的处境，特别是美国印第安人西迁历史中的悲惨遭遇。1830 年美国国会通过《印第安人迁移法》后，美国东部的土著部落在 10 年内几乎全部被迁移到密西西比河以西地区。整个西进过程其实是美国政府驱赶和迫害印第安人的过程，是一部印第安人的血泪史，其中包括血腥的屠杀，从此印第安人被限制在“保留地”上。

2. 美国非洲裔历史文化国家博物馆（在建）：美国非洲裔历史文化国家博物馆位于首都华盛顿国家广场，预计 2015 年竣工并对公众开放。该博物馆建成后将成为美国规模最大、最全面展示非洲裔美国人生活、艺术、历史、文化的场所。博物馆中与人权有关的内容将集中于美国奴隶制、种族隔离政策及其废除的历史。

四、人权博物馆协调计划——国际人权博物馆联合会

2010 年在人权博物馆领域发生了一件重要的事情，那就是隶属于利物浦国家博物馆的利物浦奴隶制度博物馆发起协调建立“国际人权博物馆联合会”。其成员主要包括：加拿大人权博物馆、美国印第安人国家博物馆、美国非洲裔历史文化国家博物馆、英国利物浦博物馆、南非反对大屠杀和种族灭绝基金会等。国际人权博物馆联合会鼓励参与一些敏感和有争议的话题的研究，如跨大西洋奴隶贸易、大屠杀及其他形式的种族灭绝、陷入困境的原住民等问题，分享在这些问题上的想法和所采取的措施。国际人权博物馆联合会运作的动机在于其认识到不管规模大小及资源多少，人权领域的博物馆在遇到的困难、政治压力和争议话题等方面面临着同样的挑战。利物浦国家博物馆希望全世界范围内在人权博物馆领域领先的博物馆

和机构支持这一倡议，这有助于利用更少的资源说服其他博物馆一起加入这一国际协作。

国际人权博物馆联合会鼓励共享、共同工作，互相学习、相互鼓励、积极行动，以人权博物馆的方式挑战现代种族主义、各种歧视和其他各种形式的侵犯人权的行为。因为深信解决这些问题最好通过集体行动而不是单打独斗，人权博物馆必须准备好挑战传统博物馆的思考和实践，重新定义博物馆在反对侵犯人权方面的积极作用。国际人权博物馆联合会试图尽可能以非正式的方式进行运作，以克服官僚主义、管理及成本等困扰合作网络的问题。

相信随着越来越多的人权博物馆加入国际人权博物馆联合会，人权博物馆将在人权博物馆资源共享、人权实物和资料搜集、人权问题研究等方面取得成果，促进人们通过人权博物馆的方式来认识人权，提高人权意识，进而保护人权。

结　语

正如美国律师艾伦·德肖维茨在其《你的权利从哪里来》一书中所说：权利既不来自上帝或自然法则，也不仅仅来自法律的规定，权利来自于人类过去的恶行。权利正是来自于人类对过去经历的暴行磨难的反思，为避免重蹈覆辙，人类建立和累积起来一套制度、一个权利体系来抵抗恶行的侵袭，防止历史的重演。因为人类不断犯错，也不断反思，所以权利是动态发展的过程。权利是人类得享安全的唯一保障。因此人们应当珍视自己的权利，并且为权利而斗争，只有如此，权利才能永存。

漫谈《残疾人权利公约》中儿童权利保护之一二

李　敬*

2006年12月，联合国全体大会一致通过《残疾人权利公约》（以下多数情况简称《公约》）及其《任择议定书》。2007年3月公约等文书开放各国签署，中国政府属于第一批签署国。2008年6月中国全国人大常委会正式批准《公约》，同年8月，《公约》对华生效。《残疾人权利公约》是进入21世纪后世界范围内的第一个人权公约，它将在日常政治经济文化生活中"不可见"的残障问题（Disability在这里翻译为残障，遵从的是残障社会模式理念，这一理念也是《公约》的理论基础之一），高调带入了世界政治和全球经济合作领域，通过汲取既往各类人权公约之精华的方式，以精准而创新的立法技术，使全球残障社群的权利保护终获最高位阶的法律指引。

按照《公约》要求，缔约国在批准《公约》后，需要进行一系列国内法和政策的立、改、废行动，切实践行《公约》，履行国际承诺。在此背景之下，考虑到当下中国社会快速变迁中频发侵害儿童事件，确有必要从公约的角度谈谈（残障）儿童权利保护包含有哪些主要内容，国家应如何准确理解并切实履行保护（残障）儿童权利的义务等问题。

一、《公约》为残障儿童构建了一个不歧视的制度体系和社会环境

《残疾人权利公约》把残障者置于权利主体地位，讨论其权利内容以及权利如何实现等问题。残障儿童期是残障人士生命历程中的一个阶段，

---

* 作者为中国社会科学院社会学研究所助理研究员。

2007 年 3 月 30 日，在美国纽约联合国总部，中国常驻联合国代表王光亚（前左二）代表中国在《残疾人权利公约》上签字。

特别是对有遗传性损伤的人士而言，残障儿童期是他们人生的一个必经阶段。

《残疾人权利公约》在序言开篇就阐明了公约的立法宗旨是社会发展、人权和不歧视。尊重残障儿童特殊的发展权利、从人权角度设计保护残障儿童生活的方方面面，并且于日常生活中切实保障残障儿童在不歧视的制度体系和社会环境中成长，自然也就是我们讨论残障儿童权利保护的基调了。

《公约》序言第 17 和 18 段，提出残障女童和残障儿童可能由于社会性别、年龄以及特别脆弱性遭受多重排斥和歧视问题，提出残障儿童应在与其他人平等的基础上，享受其他儿童所理应享受的全部人权和基本自由。虽然，《公约》序言并非实体法律条款，但序言提纲挈领性的作用，展现出了整部《公约》所要昭示的思想内涵。

总体而言，从残障社群整体需求出发，《残疾人权利公约》对无障碍、生命权、危急情况和人道主义紧急情况、法律面前平等承认、获得司法保护、自由和人身安全、免于酷刑等情况、免于剥削等情况、保护人身完整性、迁徙自由和国籍、独立生活和融入社区、个人运动能力、表达意见的自由和获得信息的机会、尊重隐私、尊重家居和家庭、教育、健康、适应训练和康复、工作和就业、适足生活水平和社会保护、参与政治和公共生活、参与文化生活、娱乐、休闲和体育活动等等诸多权利的实体性和程序内容做了详尽规定。

除此之外，《公约》通过第 7 条对残障儿童的特别规定，明确提出了“在一切关于残疾儿童的行动中，应当以儿童的最佳利益为一项首要考虑”。“最佳利益”原则成了保障残障儿童权利的基本原则。这一原则不仅重视对残障儿童核心权益的保护，更是特别关注了他 / 她们“自由表达意见”的权利，专门提出“残疾儿童的意见应当按其年龄和成熟程度适当予以考虑”。

需要说明的是，《残疾人权利公约》之前，1989 年的《儿童权利公约》中已完整详尽地对儿童实体性权利做出了规定，而且《儿童权利公约》第 23 条通过规定残疾儿童权利的方式，第一次在国际人权法中涉及了残障问题。残障儿童也是儿童，所以《儿童权利公约》中的权利条款都应适用于残障儿童的情境下，并且需要对残障儿童权利保护的特殊性有所考虑。

二、如何看待残障儿童保护的“最佳利益”原则

如前所言，《公约》第 7 条不属于实体性条款，而是在处理儿童权利保护中的一个基本原则——最佳利益原则，辅之以“适龄的意见表达”这一参与性原则，就是说，在考虑儿童相关事项时，以残障儿童的最大利益为出发点。同时，在决策制定和实施的过程中，根据残障儿童的年龄和成熟程度，征询其意见，即遵循“适龄的意见表达”这一参与性辅助原则，以确保“最佳利益”在最大程度上贴近和符合残障儿童的真实状况。

“最佳利益”原则，在《儿童权利公约》中就存在，这里是将它适用于了残障的情境中。过去，对待残障儿童的一些看法认为，残障儿童是儿童，是不成熟的，同时，这些儿童本身还有各类损伤，思维行为感知等身心状态与健全儿童不同，所以更是难以表达其想法或意愿，也就没有必要征询他们的意见了。这类看法是从残障儿童的疾病或损伤出发，只关注残障儿童的身心缺陷，而忽略了他们作为积极权利主体有表达各类需求的权利和可能性。

《公约》第 7 条不仅承认了“最佳利益”原则，而且要求对“最佳利益”的考虑要听取残障儿童的声音。这种声音的表达需要有各类辅助支持，并视其年龄和身心成熟度进行综合考量。这也突破了以往的传统观点，给予残障儿童自主发声的机会。作为基本原则，这一渗透参与逻辑对残障儿童“最佳利益”多方考量的做法也贯穿在了整部公约各个涉及残障儿童权利保护的领域和步骤里。

这种一主一辅的“最佳利益”原则之规定，还开创了儿童权利保护的新天地。儿童在事关自身利益的决策中的参与和意见表达，被给予前所未

有的重视，或许也正是一些社会科学和儿童教育家们曾呼吁过的“儿童的时代”来临的一种具体体现了。

三、“最佳利益”原则指导下的核心权利保障一窥

在“最佳利益”原则的指导下，我们再来谈谈涉及儿童权利保护的家庭、教育和健康医疗方面的权利。

《公约》第23条家居和家庭权利条款，主要规范的是成年残障社群的家庭生活方面的权利，但是它在第5款中特别提出，“缔约国应当在近亲属不能照顾残疾儿童的情况下，尽一切努力在大家庭范围内提供替代性照顾，并在无法提供这种照顾时，在社区内提供家庭式照顾”。这一款的规定主要针对的是：因各种原因无法获得家庭照料的残障儿童，使他们有权获得尽可能接近家庭场景和亲情支持的替代性照顾，如，在儿童福利机构中的儿童可以通过院内外的各种方式，在最接近家庭情境照顾的环境中成长。回到中国情境，从上个世纪90年代，中国的儿童福利事业就在国外各类资助下探索院外照料的道路。2010年，中国政府第一次对孤残儿童的院内外照顾给出了国家基本保障标准（参见国务院办公厅《关于加强孤儿保障工作的意见》）。这不仅是对特殊困境儿童生存和发展权利的承认，更是以政策手段支持了包括家庭寄养、模拟家庭等各种类似家庭环境的院外儿童照顾的组织或机构的发展，体现了《公约》的精神。

《公约》第24条规定的是教育权，它是整部公约中和残障儿童权利保护关系最密切的实体性条款。教育融合是残障儿童实现社会融合的主要手段和场所。很有意思的是，该条只讨论融合性教育，对于目前各国普遍实施的特殊教育只字未提。这种做法让人不难体会出立法者对于残障儿童教育在行动方向上的坚定信念。与其他条款一样，本条第1款，首先规定了教育的目的，即全面发展残障儿童的人类潜能、自尊感和自我价值，强化其人权、基本自由和人类多样性；发挥其最大潜能以及促进其有效参与一个自由社会等。为此，缔约国应该给予残障儿童提供融合环境下的免费初等教育；依据残障儿童需要提供相应的合理便利；残障儿童在融合环境下的教育应该是有效的，可以满足儿童身心发展需要。该条特别对视力障碍、听力障

碍儿童和视力听力多重障碍儿童所接受的教育进行了规范，并对师资等方面提出了要求。

《公约》第 25 条是对健康权的讨论，由于预防有损伤的生命出生是一个非常复杂的伦理、社会、法律和生物医学问题，导致起草者们在无法达成一致意见时，对这个问题进行了淡化处理。但是，它对早期诊断和干预、预防残障进一步恶化方面提出了要求。早期有针对性的和适当的干预对于残障儿童具有特别重要的意义，可以有效减少各类损伤对其整个人生过程的影响，节约社会照顾成本，也有助于他们更加顺利地回归社会。

通过对在“最佳利益”原则下的家庭照料、教育和健康等条款的初步讨论，可以看出《残疾人权利公约》规定的残障儿童的权利保护中的一些核心内容。下面将对实现这些权利的国家义务做一点分析。

四、如何认识国家在实现残障儿童权利方面的义务

《残疾人权利公约》对国家义务的规定是通过两种方式体现出来的。

首先，《公约》第 4 条有对国家义务的一般性要求。它要求在不歧视的基础上，国家要采取各类符合公约立法的法律和政策等；对现存法律、政策、习惯和做法进行废改；将残障人权保护融入所有现存政策和规划中；对与公约不符的做法保持克制；采取一切措施消除任何个人、组织和私营部门对残障者的歧视；促进涉残的研究和通用设计、促进各类新技术应用等。这一条还要求国家尽其最大可能渐进实现上述权利，同时，那些要求立即实现的权利不受资源的影响。它还要求涉残政策规划制定中需要积极包含残障者（包括儿童）的参与。

第 4 条的这一总体性义务的要求，贯穿于公约实施的全部过程，也是落实每一个具体权利条款的必然要求。同时，《残疾人权利公约》开创性地在大多数具体性条款中，通过比较描述性的文字，对每一个权利的实现提出了具体要求。

例如，《公约》要求“最佳利益”的选择，需要听取残障儿童的声音，结合他们的年龄和成熟程度，统筹考虑他们的意见。这一辅助性原则，也是对缔约国的履约要求，即，在决定残障儿童“最佳利益”过程中，需要

问计于残障儿童。

再如，替代性照料的规定也言简意赅地要求缔约国应在扩展大家庭（残障儿童原生家庭之外的其他亲属的家庭）中甚或社区内的模拟家庭环境里实现对儿童的替代性照顾。

此外，对于教育权的实现，也规定残障儿童要就近接受教育，不得与自身社区隔离。在接受教育过程中需要根据自身需要，得到合理便利支持其实现在融合环境下的学习。普通教育设施在提供融合教育过程中也要提供各类场地设施等的支持。而且，对残障儿童的教育目标要有长期设计，要促进其学术和社会能力多方面发展，要和残障儿童的全面融合目标结合等。《条约》还创新性地提到了针对视力障碍、听力障碍以及视力和听力多重障碍儿童的具体教育手段等。

《残疾人权利公约》在社会发展、人权和不歧视的基本原则下，通过社会模式对残障问题的认识，开创性地将残障问题纳入了国家人权保护的主流中。《公约》中的各类条款，充满了精妙的设计，蕴含着丰富的内容，体现出深切的人文关怀，不仅值得我们深入讨论，更是值得我国在对残障儿童保护立法方面学习和借鉴。

为什么正义女神要戴着眼罩

王利明 *

在世界许多地方，都矗立着正义女神的雕像，她戴着一副眼罩，一只手拿着天平，另一只手握着长剑。正义女神名叫“Justitia”，是正义的守护神，她的名字被译为英语中的“Justice”，后又衍生出“正义”“法官”等内涵。在正义女神雕像的背面，往往刻有古罗马的法谚：“为实现正义，哪怕天崩地裂（Fiat justitia， ruat caelum）。”可以说，正义女神寄托了人们对正义的渴望和追求，激励着法律人为实现正义而奋斗。

正义女神一只手拿着天平，另一只手握着长剑，这一形象传递了关于正义的何种观念呢？德国学者鲁道夫·冯·耶林对此有一段精辟的解释：“正义之神一手提着天平，用它衡量法；另一只手握着剑，用它维护法。剑如果不带着天平，就是赤裸裸的暴力；天平如果不带着剑，就意味着软弱无力。两者是相辅相成的，只有在正义之神操剑的力量和掌秤的技巧并驾齐驱的时候，一种完满的法治状态才能占统治地位。”这就是说，正义女神用天平衡量是非，用宝剑砍去邪恶，从而维护社会公平。

在这一点上，正义女神形象的寓意与中国古典的法律和正义观念具有惊人的相似之处。在古汉语中，“法”被写为“灋”，对其的解释为：刑也，平之如水；从水，廌所以触不直者去之，从去。也就是说，在功能上，法律不仅要像水一样平直，而且还需要以“廌”这类神兽祛除邪恶（不直）。所谓“廌”，又名解廌或解豸，根据《论衡》和《淮南子·修务篇》的描述，它额头上长着一只独角，故民间普遍称其为独角兽，其寓意就是祛除邪恶，维护正义。由此可以看出，在我国，法律从其文字生成的那一天起，就把

* 作者为中国人民大学法学院教授。

公平正义作为内在精神，这一点至今未变。还要看到，在我国，无论官方还是民间，天平和利剑一向被视为公平、正义的代表，天平用以平衡不同主体的利益，象征着裁量的公平；利剑用以刺破不当利益的化身，象征着法律的制裁。也就是说，天平和长剑能生动刻画并传递女神的正义信息。

但正义女神为什么戴着眼罩呢？对此我一直百思不得其解，也查阅了很多资料，未发现有统一的解释。在形形色色的解释中，有一种较为流行的说法是，正义女神不愿看到人间太多的不公正，尤其是把时代背景放在黑暗的中世纪。这种解释完全符合人们对正义的强烈追求和渴望，但仔细琢磨，不难看出，这种说法只能反映当时人们对现实的不满和无奈，并无法合理解释正义女神为什么戴着眼罩，因为正义女神既然手持宝剑，可以祛除邪恶，难道还不愿正视人间的不公正吗？从逻辑上讲，正义女神之所以降临人间，正是为了看清世间万象，用天平衡量可能存在的不公正，并用宝剑祛除不公正，戴着眼罩，怎么能合理发挥天平和长剑的衡量和维护公正、祛除不公正的作用？

从古罗马的传说来看，有一种解释较为合理，即裁判官应当用理智来判别公平，而不是用眼睛来判断是非。在古罗马时代，为了确保法官的独立性和公正性，法官往往并不主动搜集或调查证据，而只是在案件审判过程中，通过当事人双方所提交的证据来确定案件事实。在案件审理之前，法官对案件事实往往一无所知，这有利于避免法官就案件事实形成不合理的前见，避免先入为主作出评判。此外，还有与上述解释接近的、相对合理的解释：一是正义女神在裁判案件时，需要用心灵观察，而不是用眼睛观察。戴上眼罩无视被告的容貌、权力、身份、家世、地位，绝不先入为主，对感官的物质视而不见，从而保障法官裁决的公正性。二是法官的职责是“裁断”而不是发现，所以眼睛应该蒙上，不会因为看见诉讼双方而产生主观上的倾向性，也不会因为受到各种干扰而难以实现正义，就如正义女神身后的法谚所表明的，她为实现正义应该是无所畏惧的。三是法官的裁判要不受任何的干扰，不应被动人的话语打动，更不应受金钱的诱惑，而应当做到公正裁判。受上述解释的启发，我认为，正义女神戴上眼罩与其手持天平、宝剑，构成了一个意义相融的整体，指明了法官应当追求正义的价值导向，以及实现该价值的必由之路。正义女神一手持天平、一手持宝剑，表明法官应当追求正义，而正义的实现，必须依靠法官独立、客观、不受任何干扰地裁判案件，正义女神的眼罩正是这种要求的象征。从法官实际的裁判活动来看，法官要想独立、客观、不受任何干扰地裁判案件，就应严格在法律程序中依法办案，就此而言，不妨说眼罩代表了法律和正义的程序性品格。正义女神戴上面罩，其实就是在强调程序的公正性。

“正义不仅应得到实现，而且要以人们看得见的方式加以实现。”这是一句现时代法律人耳熟能详的话，它表明，司法的特点在于通过法定的诉讼程序解决相关争议和矛盾，把各种社会冲突通过诉讼和审判机制予以吸收和中和，把尖锐的矛盾转化为技术问题，把一般性的问题转化为个别化的问题，从而使纠纷通过一定的程序得到公正的解决。司法的权威正是依靠法定程序来保障的，而且正是从程序的正当性中体现出司法的权威性，一个裁判的结果首先应当追求的是程序公正，因为程序公正是看得见的公正。正当的程序包括裁判者的独立、中立，法官不得对任何一方存有偏见和歧视，应当在认真听取双方意见的基础上，按照法定程序认定案件事实和适用法律，诉讼主体处于平等的诉讼地位、享有平等的诉讼权利等内容。此外，法官还应当严格遵循证据规则，依法保持程序的公开性，增加司法的透明度。所有这些都是法官在裁判过程中所应当遵循的基本要求。

故而，戴上眼罩的正义女神，正如在正当程序中的法官，没有眼罩和正当程序，正义女神的天平和利剑恐怕会因人和事而有偏差，法官的裁判同样可能会因各种案外因素而受影响。因此，在笔者看来，正义女神戴上眼罩意味着，法官在案件裁判过程中应当严格遵循程序要求，排斥各种外在干扰。再延伸一点，为正义女神戴上眼罩，象征着为法官裁判设置正当程序，这有利于确保每个当事人平等地进入法官的评判视野，不受个人身份、地位、财富或者其他异质性因素的影响。放在我们的裁判实践活动中，就是要求法官在裁判过程中，应当有排除外界干扰的程序机制，如法官不能与案件事实和利益有任何牵连，不能以其个人的价值、情感等因素作出预断，不得在案件审判前主动提前介入案件，不得歧视或者偏袒任何一方当事人，更不得先定后审、与一方当事人串 / 沟通、非法取证，或与当事人打成一片。

再回过头来进行中外对比，很容易就能看出，我国传统法律和正义观念中虽然不乏正义女神手中的天平和利剑，但往往缺乏其眼罩所表征的通过程序实现正义的观念。可以说，我们既没有这方面的传说，也没有这方面的记载，因为我们注重的是实体公正，而并不重视法律程序在实现正义过程中的作用。例如，中国古代存在着拦轿喊冤的传统，因为裁判官个人的素质和品行决定了裁判结果，只要实体是公正的，可以不考虑程序是否妥当。这种传统思想至今仍影响着人们的行为。在这种意识中，法律如同战场，要的仅仅是最终成功地攻城略地，至于如何攻占城池，无关紧要。幸运的是，如今我们日益强烈地认识到了法律程序的重要性，特别是近几十年来不断发生的冤假错案一再警示我们，程序价值与实体正义都不可或缺。不讲程序正义，无法保证结果正义的实现。为了推进法治中国建设进程，我们应高度重视正当程序的地位和作用，使我们的每一个法官都能戴上程序正义这个无形的眼罩。

不断旋转的法院

何　兵*

革命者心气高。

共产党进入北京之前，就发布文告，废除了国民党的《六法全书》。文告要求以“蔑视和批判”的态度对待《六法全书》，以及欧美、日本等资本主义国家一切反人民的法律。以毛泽东思想的国家观和法律观，改造司法干部。[1]

一夜之间，凿沉了国民党的司法大船，革命者的司法大船，起航。革命者立志创设一套全新的制度，决不能“率由旧章”。董必武解释说，汉之萧何，对秦律稍加变通，成为汉律。唐律虽称完备，多因循隋律。这些王朝，虽然皇帝更替，但国家本质未改，可以因循守旧。共产党必须全面废除国民党法律，因为新国家与旧国家“完全不同了。如果一切因循旧法，那何必要革命呢？”[2]

1950 年 7 月，《人民法庭组织通则》颁布。总计十四条，耳目一新。第三条规定，县市成立人民法庭。人民法庭是县市法院的组成部分，但要接受同级政府领导。这种“双重领导制”，确实是革命性的。国民党虽然也对法院进行暗中渗透和控制，但他公开标榜的，依然是司法独立。共产党人不同，在延安时期，就公开批判司法独立。

第四条规定，法庭的半数审判员，由政府遴选，半数审判员，由各界人民代表会议或人民团体选举。半数审判员从群众中选举，这是共产党在

* 作者为中国政法大学教授。

[1] 参见《中共中央关于废除国民党的〈六法全书〉与确定解放区司法原则的指示》。

[2] 董必武：《旧司法工作人员的改造问题——1950 年 1 月 4 日在中国新法学研究院开学典礼上的讲话》。

兑现延安时期的民主承诺，保障普通工农翻身做主人。第六条规定，被告可以请人辩护，但要经法庭认可。被告的单方委任权，在这里变成了被告委任与法院审批相结合。

1954 年颁行的《人民法院组织法》中，一些革命性创新，忽然又不见了。第四条规定："人民法院独立进行审判，只服从法律。"删除了"接受同级政府领导"的字样。审判独立被重新提起。第七条规定，被告有权获得辩护，删除了"须经法院认可"。革命出现了回潮。《人民法院组织法》中，最有创新、基本保留至今的，是审判委员会制度。而这一创新，经过几十年的非议，目前趋向废止。

法律不够，政策来凑。政策不够，讲话来凑。共产党的领袖们，在山沟沟打游击的岁月里，用政策比用法律顺手。政策变化快，紧跟形势。而讲话，比政策变化更快。讲话重于政策，政策胜过法律，这一传统，新中国成立后沿续几十年。

1950 年 3 月，中央决定镇压反革命。同年 10 月，中央首先出台政策《关于镇压反革命活动的指示》，总计五条。各地开始，据此杀人。1951 年 2 月，国务院才出台《惩治反革命条例》。1951 年 3 月，最高法院沈钧儒院长发表讲话，责备下面"量刑轻、处理慢、监管松"。该杀的没杀，宽大无边。他说，人民群众抱怨"宽大了反革命，害了我们老百姓"。两个月后，彭真开始表扬说，宽大无边的偏向，得到了纠正。人民群众"欢声沸腾，交口称赞"。[1] 人民群众的情绪，实在反复无常。

其实，国务院的《条例》，总计 21 条，涉及具体罪名的，只有 10 条，条条准用死刑。不是暗藏杀机，而是明示杀机，怎么可能宽大无边？1954 年 1 月，公安部副部长徐子荣向中央报告，镇反杀了 71.2 万人。更有史料记载，杀了 87.4 万人。[2] 刘少奇说，镇压运动为什么能够大张旗鼓？"因为抗美援朝的锣鼓响起来，响得很厉害，土改的锣鼓、镇反的锣鼓就不大听见了，就好搞了。"

---

[1] 参见沈钧儒：《坚决镇压反革命，巩固人民民主专政》。彭真：《关于政法工作情况和目前任务》。

[2] 中共中央党史研究室等四部门合编的《建国以来历次政治运动事实》中载，87.36 万人被判处死刑。

司法必须围着党的中心工作转。1951 年，沈钧儒要求法院工作围绕着抗美援朝、增加生产、厉行节约这个中心工作转。1957 年中央反右，《人民司法工作》发表评论，要“彻底清除反动的旧法观点”。北京高院副院长发表文章，要坚决保卫党对司法工作的绝对领导。1958 年，国家开始大跃进，司法也开始大跃进，最高法院成立了“炼钢办公室”。1960 年，各地已经开始饿死人，《人民司法》杂志仍在紧跟形势，要求法官们“鼓足干劲，跃进再跃进”。

几十年来，党的中心工作，不断地调整，法院也紧跟着，不停地旋转着庞大的身躯。

我的地盘谁做主

徐英荣*

法官，别看他不是正儿八经的官，要说起权力来，着实不小。你家的牛糟蹋了我家的稻谷该如何赔偿，杀人越货者是否罪当处死，小布什与戈尔谁当总统，都能管得上。连两口子感情是否破裂，能不能再同床共枕，他们自个都是一笔糊涂账，法官还非得给个说法。如此看来，尽管不像狂妄之词“上管天，下管地，中间还管着空气”，法官的权力也确实挺大，小到鸡毛蒜皮、家长里短，大到政党政治、生死予夺。德国法学家拉德布鲁赫有句名言：法律借助于法官而降临尘世。如同 90 年代经典电影《特警判官》中的一句台词：“我就是法律！”差不多就这个意思，多牛！

可权力再大，还不都得听法律的。从邻里纠纷到商业合同，从行政执法到刑事司法，哪个领域没有法律的规定？法网恢恢，疏而不漏。而法官的任务就是适用法律，其权力也就关进法律制度的笼子里。即便你是洪水猛兽，也无可奈何，乖乖地按国家意志和人民意志办去吧。马克思说过，法官除了法律就没有别的上司。听法律的就一切 ok。

仔细一琢磨，似乎不全是那么回事。法律不是万能的上帝，法官有什么疑难，他就能像创造亚当一样，拿起泥巴，随手就给捏出个想要的东东。现实是生动的，无比丰富多彩，它不断挑战着立法者的智慧，残酷无情地将人类想象力缺陷暴露无遗。有时候还真没有做不到的，只有想不到的。世上发生的纠纷千奇百怪，变化多端，立法者永远跟不上社会发展的节奏。有的疑案难题，法官就是将法律文本翻破了，也找不出个一一对应的“因为—所以”。一些看似尽善尽美的法律条文，也显出了它的不足。好比是“都教授”，

---

* 作者为江西省高级人民法院研究室副主任。

都已经是“来自星星的你”，在一些人眼里帅得超出人类范畴了，可就有人觉得太油头粉面，奶气横生。听不到法律的回答，听谁的？只有听自己的，按自身对法律精神的理解去办，我的地盘我做主。

我的地盘谁做主？看来，有法律时听法律的，没法律时听自己的。

别，还有领导呢。都你自己拿主意了，还要领导干吗？不错，法律是你的上司，但那只是名义上的上司，既不能给你涨工资，又不能给你提级别，院长、庭长才是货真价实的上司。再说了，谁让你自己说了算的？法律上也只是说，人民法院依法独立公正行使审判权。瞧清楚了，不是说你法官。按理说，院长才是法院的法人代表，要非得说谁可以代表法院依法独立公正行使审判权，那还只有院长，别不服气！所以该请示的请示，该汇报的汇报。

不单是院长、庭长，党委领导、人大法律监督、政协民主监督，都是法律上赋予的权力，既然是监督，既然群众把“状”都告到那儿去了，那不也得汇报汇报。别嫌婆婆多，得罪哪个没准都没好果子吃，何况关键时候婆婆还能帮媳妇说点好话，办点实事，争点地位，真能指望得上。至于独立审判权，别太较真，一起商量着办呗。

还得听当事人的。会哭的孩子有奶喝，千百年来颠扑不破的真理，有的当事人硬是将它发挥到极致。上班比法官还早，守在法院门口，喊冤叫屈，知道痛惜自己喉咙的还弄个扩音器，录好音，反复自动播放就是。用不着指桑骂槐，遮遮掩掩，直接骂张三法官是个大贪官，李四法官是个王八蛋就是，扯上横幅公之于众也可。人家美国最高法院门前也有示威游行呢，安东尼·肯尼迪大法官在接受美国公共事务有线电视网记者采访时还说过：“这些示威和抗议都是很重要的表达。”这不，人民法院更加人性化，示威抗议的“虚招”不用说，胆大一点的封个门、拦个车、堵个路，或冲进大楼将之部分“占领”，这些“实招”也不为过。

有一回，到一基层法院，正向院长访谈，冲进来一个中年男子，上来就是一句：不把我儿子判缓刑我就去北京上访！掷地有声，说一不二的气势，就像是城管对摊贩：你的烤红薯不让我白拿明天我保证你出不了摊。往日，犯罪分子的家属可是抬不起头来的啊，如今却这么理直气壮，真不知今昔是何昔。院长说，对这种人还只能用缓兵之计。万一，他来真的呢？一个小县城出个进京访，可不是一件小事，上面责怪下来，还得出钱出人把他接回来。软磨硬缠下来，但凡有点理即便歪理也就从了他吧。最头痛的是两边都闹，按下这个葫芦浮起了那个瓢，法官是手忙脚乱，应接不暇啊！逼急了的，我身边也有法官放出狠话：你跳楼嘛，你先跳，我马上跟着你跳！走投无路的架势，镇住了欺软怕硬者，倒也绝境逢生、柳暗花明。

还有不好做主，有力使不上劲的时候。试想，你是一名法官，一位老太太一把鼻涕一把眼泪，向你哭诉他儿子已经两个月没有回家来看她一眼，要通过法院告他，让他务必经常回家陪老娘聊天唠嗑。仔细一想，法律、法官还真管不了这事。人家儿子赡养费给得不少，你充其量热情服个务，打个电话给她儿子，帮他温习一下“常回家看看”的歌词，动之以情，晓之以理。难不成还下个判决，并押送其每周回家一天？没法做到的事。此外，面对狡猾的犯罪嫌疑人，即便你内心无比确信人就是他杀的，就像民间普遍认为辛普森百分之百是杀妻凶手一样，可该死的“手套”、精明的律师以及所谓正当的程序，法官就是不能拿他咋的。“米兰达忠告”，不管有多么堂皇、多么正当的理由，想必受害的那位女士不可能有舍小家顾大家的气度，成为制度的牺牲品连吭都不吭一声，正义之门于她而言是紧锁着的。那时候，她最希望出现的恐怕是擅用私刑的“特警判官”，法官是指望不上了。

当然，上面说的是些特例，法官权力之大还是有目共睹的，能做主的地方还是很多。一纸判决，既可以惠及芸芸众生，又可以弄出伤天害理、人神共愤之事。培根说过，司法的重大错误，有时是可以引起政治变乱甚至国家倾覆之危的。看来，官司不是你想躲就能躲的麻烦事，国家都有“倾覆之危”，还能与己无关？覆巢之下，岂有完卵？汉密尔顿提醒大家说：“无人可保证本身不成为不公正审判的牺牲者。”因此，法官的权力，应执于何人之手，那是相当严肃的问题。把持法律天平的，首先得要有良知。对于什么样的人可以当法官，西方有位法学家戏言，有良知的人，如果他恰好又懂点法律那就更好了。但才能可考，人品难测，关键还得靠法律制度的保障，比如让无知无德者进不了法官行列，即便混进去后也能及时揪出来。在张氏叔侄案再审法庭上，叔叔张高平说：“今天你们是法官、检察官，但你们的子孙不一定是法官、检察官，如果没有法律和制度的保障，你们的子孙很有可能和我一样被冤枉，徘徊在死刑的边缘。”说出的道理和前边的名人名言差不太多，但似乎更说到点子上了。

为什么总是经不起推敲

丛立先*

有这样一个真实事件：在国内一次著名的反劫机事件中，几名党员干部不怕牺牲、身先士卒向恐怖分子发起反击，与暴徒展开殊死搏斗，最终成功制服暴徒，确保了乘客的人身财产安全和国家财产安全，赢得了广泛赞誉，这几名党员干部也获得了相应的表彰奖励。从当时的新闻报道来看，是飞机上头等舱的一名副局级领导干部首先勇敢地站出来，发起了反抗暴徒的壮举，其行为居功至伟，该同志的英雄壮举亦得到了社会各个层面的充分肯定。

本来，除了赞美英雄，我们不该再去推敲英雄行为之外其他可能的瑕疵。所以，如果我们吹毛求疵地试图来推敲该领导干部的舱位等级问题，可能会显得很不厚道也不合时宜。从个案的角度来说，该领导干部违规乘坐头等舱相对于他的英勇反恐义举来说，是微不足道的。但在瑕不掩瑜的前提下，我们必须指出的是，这个经不起推敲的小瑕疵背后所折射的社会上曾经长期存在的领导干部超标准待遇问题，却是不可忽视的，这也在一定程度上直接导致了我们正在进行的轰轰烈烈的反腐败行动。所以，基于这个小瑕疵所进行的规则推敲，并不会使英雄失色，相反对于我们警醒领导干部，科学完成历史性的反腐败任务却有着很强的现实意义。

关于领导干部的公差舱位等级，财政部2006年11月13日颁布、2007年1月1日起施行的《中央国家机关和事业单位差旅费管理办法》明确规定："中央国家机关正副司（局）长，以及相当职务人员，乘坐飞机的等级是经济舱（普通舱）。"由此看来，如果该副司（局）级领导干部系公务乘

* 作者为北京外国语大学法学院教授。

坐飞机，其在头等舱就座，应该是违反国家相关规定了！那么，我们国家规定的公差舱位等级是不是符合国情和国际标准呢？其实，我们国家关于干部出差的待遇规定是一点都不落后于世界水平的，各级领导干部大可不必觉得受了委屈而擅自提高待遇标准。例如，我国上述规章规定部长级干部出差可以乘坐飞机头等舱，而英国首相卡梅伦 2011 年专门签署法令，规定各部大臣及公务员乘飞机出行应坐经济舱。

敬畏法律，应是领导干部的必备素质。我们的领导干部群体中，大多数人可以归类为社会精英，有着良好的道德水准、政治业务素养和奉献精神。当我们的领导干部有了值得褒奖的义举，是好事儿，但稍稍留心一下可能会发现其中的无奈（准确地说是违法违规），这确实是件令人懊恼的事情。我们不禁要问，部分领导干部的某些行为为什么会经不起推敲呢？其实答案很简单，就是他们习惯了养尊处优的生活标准和待遇，对约束自己的法律规定毫无敬畏之心——换句话说，那些已经制定的约束领导干部行为的规章制度实际执行不力！那么，究竟如何解决执行不力的顽疾呢？简而言之，就是我们的权力拥有者要真正敬畏和遵守法律，将自己的权力置于阳光之下！从权力运行和监督的科学性来说，只要不是必要的依法保守国家秘密所需，应把所有的公权力运行都置于阳光之下，这样才能因为有了有效监督而避免违法违纪行为。

在当下中国，不只是需要民众宽容，还需要执政者切实加强自身建设，把依法执政真正落到实处。一段时期以来，部分领导干部习惯了超越干部待遇标准，住大房子，用高级车，享受超标准公差待遇，等等。厅局级干部违规乘坐头等舱的情况在过去一段时期可能并不是星星点点的个案，这么说来，我们就此揪住一个英雄领导干部说事儿确实不够厚道。但是，正是因为英雄的违规瑕疵其反思效果更有代表性，所以我们才有关注的必要——就整个国家的干部队伍建设来说，这是值得反思的。试想，如果该次事件中，我们的领导干部坐在他们本该落座的经济舱做出这一壮举，那该有多好！从法律制度的角度看，因为义举的存在，违规行为完全可以不予追究，这也是符合法治精神的。但是，从利于国家反腐倡廉，加强干部队伍和政权建设的角度，我们还是要大声疾呼全体领导干部切实身体力行，不要享受超出自己级别的待遇，否则不小心暴露于阳光之下，轻则因为不那么经得起推敲而尴尬，重则会受到相应的党纪国法的处理。

当前历史性的反腐败运动，必须与法治紧密结合起来。反腐败所指向的对象，以领导干部为主。领导干部的权力享有、使用和责任承担，如果纳入法治的轨道，产生腐败的可能性将大大降低。需要注意的是，领导干部所要秉持的法治，既包括国家法律规定，也包括党纪党规。这里面有一个如何处理好党纪和国法之间关系的问题。一般来看，党纪要严于国法，领导干部必须遵守国家法律法规，是作为一个公民的基本义务，而遵守党纪党规，则是提高自身规范标准，加强自身约束的更高准则。当然，正是基于党纪和国法的这种不同高低标准的关系，在反腐败过程中出现了曝光领导干部通奸行为等道德隐私问题，这是按照党纪作出的高标准的惩戒行为，但此种做法可能与国家法律所倡导的罪犯也有隐私权等民事权利的规定有所冲突。在党纪和国法的具体规定出现冲突时，如何进行处理？今后，对党纪和国法之间的关系作出深入研究十分必要，同时，如何加强二者之间的协调更是值得进一步探讨。

反腐与倡廉总是结合在一起。反腐倡廉的关键在于处理好权力与待遇的关系问题。为此，首先，应将领导干部的权力与待遇用明晰的制度规范起来。邓小平同志曾经说过："好的制度能让坏人干不了坏事，不好的制度，能让好人变坏。"相信制度的力量，就是相信法治的力量。其次，将领导干部的权力与待遇用透明的执行机制监督起来。强调制度规定的实际执行非常重要，而且这种制度规定的执行必须透明。最后，将领导干部的权力与待遇对应的责任公正平等地落实下来。任何权力都有对应的责任，领导干部的权力与待遇的责任，核心在于适用于所有领导干部的公正平等的责任追究机制。此外，处理好领导干部的权力与待遇问题，加强反腐倡廉，其中的关键还在于发动人民群众和社会团体来监督领导干部，并且，要先从领导干部公务中的吃穿住行等基本事项开始。毕竟，管住领导干部公务中的吃穿住行，在社会主义建设的现阶段是非常重要的。且不说古今中外对此一概重视（香港特首为出差住宿超标酒店公开道歉就是一例），就是我国当下也是三令五申的。所以，为了真正管好我们的领导干部，实现反腐倡廉的良好社会效果，我们当从具体实事做起，以法治为利器，以社会力量为依托，从根本上解决权力与待遇的运行问题。

少有人走的路：我的 WTO 上诉机构实习经历

高树超 *

树林中间有两条岔道，
我选择了少有人走的那条；
这也使我在此后的旅途之中，
能够欣赏到不同寻常的风景。

——笔者节译自 Robert Frost: *The Road Not Taken*

楔　子

收到国华兄的约稿邮件时，笔者正在翻阅几周前在北京见面时他送笔者的礼物——前上诉机构成员巴克斯（Bacchus）先生的《贸易与自由》一书新出的中译本。翻开前言，巴克斯先生第一句就提到，该书的缘起，是他当年在我们共同的母校——美国范德堡大学（Vanderbilt）所做的一场讲座。无独有偶，这场讲座，也是笔者真正涉足 WTO 领域的缘起。

1999 年到 2002 年，笔者负笈美国，在范德堡大学攻读法律博士（JD）学位。在当时的美国法学院，最热门的是公司证券法，WTO 法远远算不上是显学。不要说一般法学院，就连范德堡大学这样的前二十名的顶尖法学院，都很少有专人开设 WTO 法课程（乔治城大学是一个例外）。同班上的大部分同学一样，笔者也大量选修了公司证券法的课程。但是，“梁园虽好，终非故乡”。作为班上唯一一名来自中国的热血青年，笔者常常关注关于

* 作者为新加坡管理大学终身教授，上海外贸大学东方学者讲座教授。曾任 WTO 上诉机构秘书处实习律师，服务贸易司顾问。

中国的问题，并对同中国有关的法律问题，特别是国际法问题保持了浓厚的兴趣。也正因于此，笔者在法学院二年级就竞选为院国际法协会主席，并于次年连任至毕业。

作为国际法协会主席，笔者的主要职责就是组织有关国际法的活动，比如各种讲座、联谊等。2001 年，当笔者在网上搜索下一个讲座的可能人选时，一份简历引起了笔者的兴趣：这位美国绅士，现任“世界贸易的最高法院”——WTO 上诉机构成员，同时还曾经担任过国会议员、贸易律师和美国贸易代表办公室的官员。更巧的是，他还是范德堡大学的校友！笔者马上向他发了一份邮件，邀请他到范德堡大学讲学。

几个小时之后，笔者就收到了简历的主人——巴克斯先生的热情回复。他欣然接受了笔者的邀请，因为除了母校这层关系之外，还有一个（他后来告诉笔者）他没法拒绝的理由：他的爱子当时也在范德堡大学本科就读，这个讲座可以让他公私兼顾——多好的机会！

经过一番紧张的筹备，数月之后， 在范德堡大学的演讲厅，巴克斯先生终于结束了他那篇名为“桌边谈话”的妙趣横生的讲座（这就是本文开头提到的那个讲座）。在陪同他到休息室歇息的时候，他问起笔者的背景。得知笔者来自中国，巴克斯先生高兴地说：“中国刚刚加入 WTO，你有兴趣到 WTO 秘书处实习吗？”

原来，WTO 有一个实习生项目，但是只有 WTO 成员国的公民才可以申请，因此在中国 2001 年底入世之前，从来没有中国公民参与这个项目。

当时美国的主要律所刚刚经过一轮加薪潮，法学院刚刚毕业的学生就可以拿到 16 万美金以上的基本工资以及为数不菲的年终分红。因此，大部分同学都选择加入律所。但此前在英国安理等律所暑期实习的经历，让笔者觉得做一个公司证券法律师，就像选择了弗罗斯特 (Frost) 诗中的那条可以一眼望到底的主流大道，实在没有多少意思。而 WTO 更像一条少有人走的路，能让人欣赏到不同寻常的风景。当然，笔者相信当时同学中希望选择不同道路的人很多，但是不是人人都有选择的自由。美国法学院的学费昂贵是出了名的，即使在十几年前的当年，光是三年的学费就要 8 万美金。大部分学生被迫借下高额贷款，毕业之后不委身律所很难还清这笔利息高达两位数的巨款。幸运的是，笔者连续三年获得法学院颁发的院长奖学金，因此不用担心学费问题，可以选择真正想做的事业。

经过慎重考虑，笔者向 WTO 提交了申请。几个月后，接到 WTO 秘书处一份简短的电邮，通知笔者 9 月份到上诉机构秘书处，担任实习律师。

2002 年 9 月的日内瓦，秋高气爽。笔者在 WTO 人事司办好手续，接着就到上诉机构秘书处向 Valerie Hughes 司长报到。踏进她的办公室，她微笑着同我握手："欢迎加入上诉机构秘书处。你很幸运。你知道你这个职位有多少人竞争吗？"

"不知道。"

"今年总共有 847 人申请，只有你被我们选中了。"

原来，莱蒙湖畔的这条小路，并不是像笔者想象的那样乏人问津。

上诉机构的实习律师

按照 DSU 的规定，上诉机构负责审理对于专家组裁决的上诉，可以说是位高权重。但与此同时，作为 WTO 成立后新设的机构，上诉机构缺乏其他机构的辉煌历史，为免树大招风，又有意识地保持低调。这首先体现在名称的选择上，把这个机构称为平淡无奇的"上诉机构"而不是先声夺人的"世界贸易法院"，把案件的审理者称为普普通通的"成员"而不是令人景仰的"大法官"，都可谓是用心良苦。就连其办公地点的选择，都是别具匠心。同秘书处的其他部门一样，上诉机构也在 WTO 位于日内瓦洛桑大街 154 号的总部——一栋名为"威廉 - 拉巴德中心"（Centre William Rappard）的佛罗伦萨别墅风格的建筑中办公。但是上诉机构同其他部门相比，可以说是两个世界。首先，从位置上来说，上诉机构僻处大楼的东北角，从办公室望出去，近观莱蒙湖，远眺勃朗峰，仿佛不食人间烟火，尽得湖光山色之妙；同时，上诉机构位于大楼顶层，仿佛超然独立于整个秘书处，就连总干事的办公室，也只能屈居其下一层。[1] 其次，秘书处的其他部门，从来都是"谈笑有鸿儒，往来无白丁"，各国外交官和秘书处职员来往穿梭，热闹非凡。而上诉机构则恰恰相反。每当笔者走到上诉机构的楼梯口，就感到

[1] 后来 WTO 对大楼进行装修，加盖了一层，因此现在上诉机构已经不在顶层。

仿佛有一道无形的屏幕，将外面的熙攘之声自动隔开，而代以冷静肃穆之感。这里几乎见不到形形色色的来自各国使团的陌生面孔，只有一个个埋头“调素琴，阅金经”的上诉机构成员以及秘书处的律师们。

如果说上诉机构采取“低调奢华”的风格是有意为之的话，那么上诉机构秘书处这么做则是不得已而为之。如果大家细心研究WTO秘书处的官方文件，就会发现他们同上诉机构秘书处似乎很“见外”。任何时候提到后者，总要特别指明其为“上诉机构秘书处”。[1] 而秘书处的其他部门，则从来没有受到过这种“特殊礼遇”。究其原因，WTO秘书处的成立，有马拉喀什建立WTO协定第6条的明文规定，可谓名正言顺；而上诉机构秘书处，就没有这么幸运了。尽管DSU关于上诉机构的第17条包含了总共14款，是该协定最长的一个条款，但其中并无任何一款提到为其专设秘书处。只是在第7款模糊提到，“如上诉机构需要，可为其提供适当的行政和法律支持”。因此，上诉机构秘书处自身存在的法律基础，可谓先天不足。

尽管如此，上诉机构位高权重，手握WTO案件的最终裁决权，因此WTO秘书处也对上诉机构秘书处采取了敬而远之的态度。在WTO秘书处的组织架构中，就明确指出，上诉机构秘书处仅就同争端无关的行政性事务受总干事管辖。[2] 言下之意，对于涉及争端解决的问题，都由上诉机构及其秘书处乾坤独断。笔者认为，这样安排有两层原因：第一，防止总干事作为最高行政首长干预上诉机构的司法独立。第二，这也是由WTO法律体系的复杂结构决定的。总干事一般由总理事会任命并对其负责，而上诉机构则由争端解决机构（DSB）设立。总理事会和DSB各司其职，平起平坐，互不隶属，因此如果总干事对上诉机构指手画脚，颇有越俎代庖之嫌，也有违于总理事会和DSB的分工安排。

同“一案一设”的专家组不同，DSU17条1款明文规定上诉机构为“常设”机构。但是，这并不意味着上诉机构成员也必须是全职工作。17条3款虽然规定，上诉机构成员应该“随时待命”，但并没有要求他们一直待在日内瓦。在实践中，许多上诉机构成员平时很少出现，有需要审理的案件时才赶赴日内瓦。为了保证他们能够“随时待命”，秘书处存有他们的最新联系方式，

[1] 如 http://www.wto.org/english/thewto_e/secre_e/intro_e.htm。
[2] http://www.wto.org/english/thewto_e/whatis_e/tif_e/org4_e.htm。

以备不时之需。这种“非全职”的工作方式，也得到了 DSU 的默许。17 条 8 款“上诉机构成员包括旅费和生活津贴在内的任职开支，应依照总理事会在预算、财务与行政委员会所提建议基础上通过的标准，从 WTO 预算中列支”的规定，就是这种安排的反映。

由于每年的上诉案件数量不一，因此上诉机构成员每年的工作量也旱涝不均。按照秘书处的统计， 在上诉机构成立后的第一个十年，其成员每人平均工作量为 138 天。工作量最大的是 2001 年，人均 231 天；最低的为 2004 年，人均 99 天。这也直接影响了他们的收入，因为他们的报酬也是按照每年花在具体案件上的工作天数，再加上每月固定的预聘定金计算的。平均来说，上诉机构成员的年薪为 13 万美金左右。而联合国国际法院等其他国际司法机构的法官，年薪大多为十六七万美金。相较之下，上诉机构成员似乎吃了亏。但是，如果考虑到这是一个兼职工作，那么待遇仍不失为优渥。

这种“多劳多得、不劳不得”的制度，也是为什么上诉机构成员大多不愿留在日内瓦的原因之一。因此，笔者刚到的几天，好几个上诉机构成员的办公室都是重门深锁。但是不久之后， 上诉机构突然热闹了起来。

2002 年 10 月 18 日，美国提交通知，对专家组在“美国持续倾销与补贴抵销法案”中的报告提起上诉。该案涉及法案由美国参议员伯德（Byrd）发起，所以又称为“伯德修正案”一案。该案原起诉方共有 11 个，而且囊括了欧盟、加拿大、日本、巴西、印度等重量级成员，是当时当事方最多的案件。

其实在美国提交正式上诉通知之前，我们已经通过非正式渠道，得知美国将会上诉。因此，早就开始进行有关准备。

按照 17 条 1 款的规定，一个上诉案件，应依“轮值”方式，由 3 名成员组成合议庭。至于所谓“轮值”方式的具体含义，DSU 语焉不详，只是说要在上诉机构工作程序中加以规定。而工作程序也没有说明具体的遴选方式，只规定了三个原则，即随机选择、不可预测和人人有机会参与的原则。其实这三个原则中，最重要的是第三个原则。为了保证工作量的平均分配，司长在分配新的上诉案件时，往往会优先考虑那些目前没有案件审理或者手头其他案件即将结案的成员。

按照这一原则，该案被分配给来自意大利的Sacerdoti，来自巴西的Baptista和来自澳洲的Lockhart三位成员组成的合议庭。三位成员性格各异，相得益彰。Sacerdoti热情奔放，不拘小节；Baptista文质彬彬，不苟言笑；而Lockhart则像一位典型的英国绅士那样举止有度。

同时，根据前述DSU的规定，上诉机构秘书处也应当为合议庭提供“适当的行政和法律支持”。按照惯例，通常由一位资深律师、一位年轻律师和一位实习律师组成三人秘书团。刚刚加入秘书处的笔者，有幸成为了伯德修正案团队的一员。

合议庭成立后的第一件事情，就是确定本案的日程表。按照17条第5款的规定，上诉机构一般应在上诉通知正式提交之日起60日内发布其裁决书。但是，上诉各方提交书状以及举行听证会就需要大约三四十天，因此，如果严格按照60天的规定，上诉机构只有二三十天的时间作出裁决。考虑到上诉案件的复杂性，这显然很不现实。在实践中，合议庭往往援引该款第三、四段，通知DSB，将时间延长为90天。

由于本案涉案成员太多，自然也延长为90天。然后，合议庭再从第90天，倒推出上诉方、被上诉方、第三方等各方提交书状的截止日期和听证会的日期，通知涉案各方。按照当时的惯例，从上诉通知正式提交之日算起，上诉方应于10日内提交书状，被上诉方以及第三方应于25日内提交书状，而听证会则在第40日左右举行。但后来上诉机构越来越忙，留给各方提交书状的时间越来越短。现在一般来说，上诉方在提交上诉通知的同时就要提交书状，而被上诉方则要在18日内提交。

其实，就算在区区90天内作出裁决也是不容易的。因此，我们的准备工作，早在上诉程序正式启动之前就已经开始了。在该案的专家组报告于9月2日公布后，相关人员就已经开始研究该裁决。这既是为可能提起的上诉做准备，也是17条第3款对上诉机构成员的明确要求，即“应随时了解争端解决活动和WTO的其他有关活动”。而在上诉通知正式提交后，总干事就会按照上诉机构工作程序第25条的规定，转交给上诉机构一套专家组程序的完整档案。这套档案包括争端各方的书状和相关证据材料；听证会上的书面发言稿、会议实录以及对专家组问题的书面回复；专家组和秘书处同各方的往来函件等等，以使合议庭对案情有充分了解。

囿于DSU17条第10款“上诉机构的程序应当保密”的规定，笔者在此无法透露该案审理的实质性细节，只能选择一些无关宏旨的花絮以飨同好：

1. 不是“涵盖协定”，胜似“涵盖协定”

熟悉WTO规则的人都知道，“涵盖协定”（covered agreements）一词可以称作DSU的灵魂。“涵盖协定”指的是规定WTO成员的权利义务，为WTO成员提供诉讼理由的那些协定。该词极为重要，在DSU中共出现79次之多。按照DSU第1条第1款和附件一的规定，“涵盖协定”只包括建立WTO的协定、货物贸易多边协定、服务贸易协定、与贸易有关的知识产权协定和DSU本身，以及只适用于有关成员的四个诸边贸易协定。任何其他国际条约，即使再怎么重要，由于没有列入“涵盖协定”，在WTO也是废纸一张。那么，请允许笔者问一句：上诉机构提到最多的，是哪一个“涵盖协定”？

很抱歉，答案既不是关贸总协定，也不是DSU。纵观近二十年来的上诉机构报告，提到最多的不是什么“涵盖协定”，而是词典。更确切地说，是由一家出版社出版，解释一种特定语言的词典——简明牛津英文词典（Shorter Oxford English Dictionary）。

在报告起草期间，上诉机构成员经常围坐在秘书处唯一的一个会议室中一张以美国胡桃木制成，沉稳厚重的大圆桌旁，对报告字斟句酌。他们翻阅最多的，不是那些“涵盖协定”，而是这本词典。词典就摆放在圆桌旁的一个小书橱里。但是在上诉机构合议的时候，词典往往从在书橱里的侧立姿势，变成平躺在大圆桌上。

为什么这本词典会得到上诉机构的如此青睐？难道享受到与七位成员“亲密接触”待遇的，不应该是那些“涵盖协定”吗？

是的，从常理推断应当如此。但事实是，一方面，作为WTO专家，这些协定已经深深印入了上诉机构成员的大脑，因此无须经常翻阅；另一方面，在审理案件的过程中，他们不可避免地要对相关协定的用词加以解读，而这些用词出于WTO在起草协定时“建设性模糊”（constructive ambiguity）的优良传统，往往语焉不详。并非语言学家的上诉机构成员，自然要求助于词典。

比如说在伯德修正案中，上诉机构就对反倾销协定第 18 条第 1 款和补贴与反补贴协定第 31 条第 1 款中提到的“应对倾销或补贴的具体措施”中的“应对”（against）一词，做了不厌其烦的分析。对该词的具体含义，两个协定都没有作出任何解释。在这种情况下，词典成为解决问题的关键也就情有可原了。

有鉴于此，那些将来有志于 WTO 研究和实务的青年学子们，除了要懂法律、经济和外语之外，最好还要兼修语言学（linguistics）。

2. 差点被“抵销”掉的“抵销”法案

经过合议庭成员和秘书团一轮又一轮触及灵魂的互相拷问和对报告每一个段落与用词鸡蛋里挑骨头般的咬文嚼字，报告终于定稿。我们随即把改好的文本发给主管打印的语言与翻译司。整整 106 页的报告印好之后，分管本案的 Loungnarath 律师兴冲冲地发给大家，“再看最后一遍，如果没有问题，明天就作为正式文本，交给合议庭三名成员签字”。

说实话，笔者当时已经看过几十遍报告的各个版本，实在没有再看一遍的兴趣。但是职责所在，只有强忍住胸口泛起的种种不适，逼着自己看下去。仔细看完第一遍，没有找到诸如拼写错误、时态、语法等问题，但总觉得有点不对。于是快速看了第二遍，还是没找到问题，但仍是感觉不对。再看第三遍，粗粗扫过封面标题“UNITED STATES—CONTINUED DUMPING AND SUBSIDY ACT OF 2000”，还没来得及向下翻页，就发现了问题。赶快跑到 Loungnarath 律师的办公室：“报告有问题，不要付印！”

“什么问题？”

“标题有问题。”

Loungnarath 律师看了一眼标题，又用疑惑而又同情的眼神看了笔者一眼。虽然他没有说话，笔者也能自动脑补他当时想说的话：“这怎么可能？看了这么多遍，标题——用最大字体、全部大写并且黑体标注的报告标题竟然还会有问题！”

当然，从他的眼神来看，他忍住没说的可能还有另一句话：“多好的小伙子，就这样被上诉机构沉重的工作压力逼疯了。”

没办法，笔者只好伸出食指，点到他面前的标题上：“这里，倒数第三个词前面，少了一个‘OFFSET’。”

少了这个“抵销”一词，该法案的意思完全变了，从制裁持续倾销与补贴，变成了欢迎持续倾销与补贴。这么关键的一个词，在我们6个人反反复复、你来我往的对各个版本的修改中，不知怎么就被“抵销”掉了。如果报告就这么公布，将是上诉机构有史以来最大的乌龙事件。幸运的是，笔者在本科学习期间，有幸在一家杂志社兼职近三年，练就了校对文件的火眼金睛。

因此，笔者对青年学子们的第二个忠告是，若想胜任WTO的文牍工作，先要练好校对的基本功。

3. 签字仪式上的“同类产品”

第二天（12月17日）下午，一切就绪，我们在秘书处的会议室里举行了该案上诉机构报告的签字仪式。这是上诉机构秘书处的一个传统，一方面为合议庭的三名成员在报告上签下自己的大名提供一个比较正式的场合，以示郑重其事；另一方面也为在过去两个多月为报告寝食难安的我们六位以及上诉机构其他同事，提供一个放松和交流感情的机会。由于DSU第17条第10款的限制，此时还无法公开报告，因此这个仪式也只是内部仪式。尽管缺少了正式招待会上长短不一的话筒和亮瞎双眼的闪光灯，但是有美酒小食相伴，大家也其乐融融。

前一天，Sacerdoti教授就说，他要给大家一个惊喜。等到三位合议庭成员相继龙飞凤舞签好自己的大名，只见他从墙角拿起一个瘦长的纸袋，不慌不忙地从里面拿出一瓶足有半人多高、脖子长、肚子大的红葡萄酒。在大家的惊叹声中，他露出骄傲而又顽皮的笑容：“这是我们意大利的特产。”

“那么，这算不算普通葡萄酒的‘同类产品’？”笔者三句不离本行。

巴克斯先生见笔者孺子可教，打趣道：“你知道我们在日本酒案中，是怎么确定日本的烧酒和进口洋酒是否是同类产品的吗？”

“哦，你们是综合考虑了他们的物理特性、消费者喜好和最终用途几个因素吧……”

“没那么复杂。我们到日内瓦的外交官免税店，每种都买了几瓶，回来之后就开始‘实证研究’……第二天早上大家酒醒之后，一致同意它们都是‘同类产品’。”

“……”

虽然说巴克斯先生是日本酒案合议庭的成员，笔者还是对这个“权威解释”持保留态度。直到一年之后，笔者又从松下满雄教授（他可是韩国酒案上诉机构合议庭的主席）那里得到了同样的说法，才很不情愿地接受了这个让技术宅男慨叹英雄无用武之地的解释。

因此，第三个忠告是：如果要解决 WTO 法最核心的问题之一——“同类产品”问题，先要练好酒量。当然，酒量不好也不要紧，因为酒量再好，喝得够多，迟早也要醉的。不过 Sacerdoti 教授的那瓶“同类产品”，我们十几个人共同努力，也没能当天喝完。直到很久以后，它才完全变成“非同类产品”。

尾　声

按照 WTO 秘书处的规定，在秘书处任何部门的实习不得超过三个月，期满必须离开或转到其他部门。因此，2002 年的圣诞节来临之际，笔者在上诉机构的实习期也即将告一段落。虽然舍不得离开上诉机构亲如家人的同事，但笔者觉得自己已经很幸运，不但能够以秘书处内部人员的身份，亲身参与到一个上诉案件的审理过程，而且能够从提交上诉机构通知直到签署上诉机构报告，全程追踪一个案件的发展进程。这是许多上诉机构实习律师也无法得到的机遇。

2003 年 1 月 27 日，DSB 正式通过了该案的上诉机构报告。作为该报告的起草者之一，笔者并没有参加这次 DSB 会议，因为笔者又踏上了另一条人迹罕至的小径：作为服务贸易司秘书团的一员，协助以 Petersmann 教授为主席的专家组审理 WTO 有史以来的服务贸易第一案——墨西哥电讯案。

熟面孔
——在 WTO 打官司的那些人

杨国华 *

又一次来到 WTO 开庭。已经说不清是第多少次了。尤其是这两年，涉及中国的案件激增，我们往日内瓦跑的次数也更加频繁。因此，对于我们来说，开庭已属家常便饭。

这次坐在“法官席”上的法律秘书好面熟啊！原来是 2002 年“美国钢铁保障措施案”的秘书！那时我国刚加入 WTO 几个月，那个案件也是我国在 WTO 的“第一案”。记得她当时忙前忙后的，让我们对于法律秘书的职责充满了好奇。后来我们了解到，那个案件的裁决也是她主笔。八个原告一个被告，上万页的材料，众说纷纭的观点，到了她笔下，就变成了清晰简明的法律结论。这个案件的裁决，得到了上诉机构的全面支持。我在网上查找过她的信息，知道她的研究范围很广泛，写过反倾销、保障措施、政府采购、人权、环境等方面的文章。我明白，专家组审理案件，是对相关事实和法律彻底清查，往往一个案件下来，参与者都成了这个方面的专家。

开庭间歇，我上前递名片寒暄。回忆起几年前一起经历的案子，大家都很开心。她说，自己 1994 年就加入这个组织了，属于 WTO 秘书处法律司第一批人员，办理的第一个案件也就是 WTO 的第一个案件——“美国汽油标准案”。后来她去了总干事办公室工作，最近又回到了法律司。她说，前段时间竞争司长职位，但没有成功。我随口说道：“祝贺你。”她盯着我说：“是没有成功。”我笑着解释：这样你负担会少一些，有更多时间写文章啊。她恍然大悟，“嘿嘿”地笑。她说，这是她回到法律司以后的第一个案件。我心里想，与八年前相比，她处理案件应当更为驾轻就熟了吧。

---

* 作者为商务部条约法律司副司长。

WTO法律司司长的职位，被原上诉机构秘书处主任竞争去了。该人也不可小觑，是个大大的专家，写过不少文章。曾经有一篇文章回忆过她参与处理“美国钢铁保障措施案”上诉的经过，说那是当时WTO所遇到的工作量最大的案件，上诉机构秘书处派出了强大的团队帮助上诉机构成员工作。她从上诉机构秘书处转到法律司，我早就听说了。但我一直在想：这对将来的上诉会产生怎样的影响呢？上诉机构秘书处与法律司之间的关系，有点是审查与被审查的关系：法律司所写裁决中的法律适用和法律解释问题，一经上诉，就要受到上诉机构秘书处的严密审查，并且上诉机构秘书处有权“维持、修改或推翻”裁决。按照WTO争端解决程序的规定，这种审查与被审查的关系，理论上是上诉机构和专家组的关系。但实际上大家都明白，这背后还有两拨法律秘书之间的“较劲”。专家组是临时的，活干完就解散了，并且法律秘书对专家组在法律理解和法律论证方面的影响会更大一些，因此与上诉机构秘书处同事们“抬头不见低头见”的法律秘书，会有更大的心理压力。而现在，上诉机构秘书处的头儿成了法律司的头儿，两个部门之间的关系会有什么变化吗？法律司会在法律上“更加严谨”吗？上诉机构秘书处会“手下留情”吗？此外，据了解，法律司的人也有转去上诉机构秘书处工作的。那么，这对相互的工作又会产生怎样的影响呢？

上诉机构与法律司之间的这种微妙关系，还体现在具体案件的审理中。曾经有两个涉及中国的案件，专家组主席都是前上诉机构成员！上诉机构对“老同事”作出的裁决，会“另眼相看”吗？

就在我和“老熟人”聊天的时候，我们聘请的律师也在与对面的原告美国贸易代表办公室的律师热火朝天地聊着。原来，原告的律师几年前在这家律师事务所工作过。昔日的同事在这种场合见面，亲切中暗含着较量。我揣测着他们的心理状况，想到不久前的另一个案件，我们聘请的这位律师与另一个美国贸易代表办公室的律师在庭上唇枪舌剑，庭下却握手拥抱，因为多年前他们曾在美国贸易代表办公室共事，且“关系不错”。这世界真的很小！

这世界真的很小。本案中，另一原告欧盟代表团的一个小伙子，在6月份举行的欧盟诉中国案件的磋商中，是主要提问者，显然是主办律师；在第三方会议中发言的智利代表，是另外一个涉及中国案件的专家组成员。

此外，在“美国钢铁保障措施案”中，欧盟联合中国等国家起诉美国，而在本案中，欧盟与美国坐到了一起，协调立场，共同起诉中国。

随着涉及中国案件的增加，我们见到的熟人也越来越多，感觉在 WTO 打官司，转来转去就这么几个人在排列组合。他们一人担当不同的角色，有什么工作原则吗？例如，本案法律秘书，我当初认识她时，负责中国原告的案件，但今天则审理中国被告的案件，她需要进行角色转换吗？是“屁股决定脑袋”吗？

细细观察，发现他们虽然处于不同的位置，代表不同的利益，但他们的姿态却是大同小异的——他们都是在振振有词地阐述自己对 WTO 规则的理解，起诉是这样，辩护是这样，裁定也是这样。对同一个条款，原告、被告、第三方、专家组，可能会有各种各样的理解，但大家的共同任务，却是澄清规则的含义。也正是由于这个共同点，大家才能忘掉过去的复杂关系，坐在一起心平气和地讨论问题。我想，严肃认真地对待规则解释问题，是大家的共识，而无论过去的关系亲疏远近，都不会影响这一点。

种族歧视与警察滥权
——从弗格森骚乱看美国社会之殇

周文英 *

一、骚乱的出现

2014 年 8 月 9 日，在美国密苏里州圣路易斯市人口只有 2.1 万的弗格森小镇，从警 6 年、28 岁的白人警察达伦·威尔逊，拦截并枪杀当时没有携带武器且没有任何犯罪前科的 18 岁黑人（黑人又称非洲裔美国人，也称非裔，是指历史上被欧洲殖民者贩卖到美国的非洲黑人奴隶的后裔）青年迈克尔·布朗，引发当地民众强烈不满与大规模抗议。

三个多月后的 11 月 24 日晚，由 9 名白人和 3 名黑人组成的圣路易斯市大陪审团，经过 25 天取证，5000 页证词，60 多位证人，两天讨论，作出对枪杀布朗的威尔逊不予起诉的裁决。该消息一出迅疾引发美国多个城市的抗议和骚乱，抗议在 3 天内扩至 170 多个城市，甚至伦敦街头也出现了 5000 多人参加的抗议活动。密苏里州州长紧急调派 2200 名国民警卫队，协助镇压并维持治安。至 11 月 27 日已有 400 余人被捕。总统奥巴马“深感失望甚至愤怒”，强烈谴责由此引发的大规模抗议与骚乱，并称之为“犯罪行为”。28 日，联合国禁止酷刑委员会强调指出，美国应该彻查其警察多起射杀手无寸铁黑人的野蛮暴力行为并提出起诉，至此骚乱成为世界各国关注的大事。虽然白人警察威尔逊已辞职，但小范围的骚乱至今没有完全平息。

---

* 作者为中国人民公安大学人文社科部副教授。

二、骚乱的内因

非裔青年迈克尔·布朗遭白人警察达伦·威尔逊六枪射杀，使美国种族问题和人权问题遭到谴责，包括联合国在内，世界多国对美国民主与治理模式产生质疑。虽然距离美国1964年通过《民权法案》已经50年（该法案规定其境内禁止种族隔离，即不得歧视黑人、少数民族），但在美国，白人警察枪杀非裔事件仍时有发生。原因到底在哪里？或许美国社会根深蒂固的种族歧视与警察对非裔滥权且罕有被追究责任的现状可以让人们管中窥豹。

首先，美国社会始终存在着由来已久且根深蒂固的种族歧视观念与行为。

专门研究美国国内动乱问题的科纳委员会(Kerner Commission)，在20世纪60年代曾得出令全美震惊的结论——“我们是一个国家，两个社会。一个白人社会，一个黑人社会，彼此分开，也是不平等的”。（《弗格森枪击案再揭美伤疤：种族争议仍难平》，载《第一财经日报》2014年11月27日）这可谓一语破的。在非裔长期遭到白种人的压迫和歧视的背后，是极为深刻的政治、经济、社会、文化与历史原因。

20世纪50至60年代，民权运动领袖马丁·路德·金为黑人谋求平等，发起并领导了民权运动，促使国会通过具有人权进步里程碑意义的《民权法案》。法案禁止种族隔离，禁止在选举、就业、公共场所歧视黑人，由此结束了美国自开国以来实行的种族隔离政策。70年代后，美国许多法律明确规定严格禁止各种种族歧视，一定程度上使非裔的政治、经济与社会地位虽远非彻底，但却真正开始得到改善，甚至2008年，美国选举产生历史上首位黑人总统。不过，也应该看到“法律面前人人平等”的宣示性含义的局限性，实际上民权法未必能够彻底改变或消除实践中白人对非裔的歧视现状。因为复杂、多变的社会生活根本难以撼动或改变白人与黑人之间无形的政治、经济、文化种族差异，白种人甚至骨子里依然认为黑人是劣等人。

由来已久、根深蒂固的种族歧视如影随形。政治、经济种族隔离时刻存在，使得美国黑人经济状况普遍堪忧。枪击案发生的弗格森小镇现有人口 2.1 万，其黑人与白人比例由三四十年前的 3：7，由于白人迁走转换为现在的 7:3，即黑人占据 70%，但小镇治理结构依然是以白人为主。“该市 6 位市议员中只有一位是黑人，学区委员甚至没有一个非裔。更重要的，53 名警察中只有 3 名黑人。……合格的 1.5 万选民中，黑人选民只占十分之一。治理和被治理阶层的政治、经济地位悬殊，居住区也相互隔离，类似的现象在美国中西部十分普遍。”“生长在这样的环境中的非裔青年，犯罪率比白人高。因为种族歧视，非裔青年随时被警察拦住搜查的比例更高。”2014 年有 85% 的黑人受访者认为自己曾“遭到警察的歧视。即便在上世纪 60 年代，这一比例也只是 76%”。即使是名人也难以幸免，据报道，黑人影星罗伯·布朗在梅西百货为其母亲购买一块价值 1350 美元的手表时，店方因他是黑人而怀疑他使用假信用卡，警方更将他用手铐押走并拘留一个小时之久。

种族歧视一方面威胁着美国黑人的生命权，给美国社会带来巨大动乱和损失，近 50 年来，美国至少爆发了 6 次骚乱，最严重的 1992 洛杉矶骚乱甚至造成 58 人死亡、1.19 万人被捕；另一方面，美国黑人生存权与白人相比堪忧。尤其是 2008 年金融危机以来，黑人失业加剧，不对等的现实使得黑人的失业率长期保持在白人失业率的 2—2.5 倍。2012 年，纽约市约有 50% 的黑人处于失业状态，这些人失业后平均需要花上一年时间才能找到新工作。美国人口调查局的数据显示，2012 年黑人家庭收入中位数为 33321 美元，非西班牙裔白人家庭收入中位数为 57009 美元，前者不足后者的 60%；2012 年美国黑人的贫困率为 27.2%，非西班牙裔白人的贫困率为 9.7%，前者接近后者的 3 倍。

其次，警察滥权，即警察滥用执法权，包括对枪支的不合理使用。

相对而言，美国警察枪支使用法律制度比较健全，法律、司法判例和警局政策规定了警察使用枪支须遵循必要合理原则和生命威胁原则。用枪的条件和事前警告、事后报告程序等都有严格的法律规定。完善的培训、认证和警用装备制度也进一步确保了警察执法时能够正确使用武器。但是，实践中警察如何掌握必要合理原则，怎样合理确信自己生命受到威胁而使用致命强制力，则有较大的个体差异。

面对布朗之死，已经辞职的威尔逊曾为其射杀开脱，认为密苏里州的弗格森是个充满暴力、毒品和枪支的地方。一面之词难以服众。但不可否认的是，美国白人警察枪击黑人并非独此一例，但缘何此次引发近几十年来的大骚乱，甚至引起整个美国社会乃至世界的关注？如俄罗斯认为美国应该严肃对待自己的问题以及人权领域面临的挑战；英国媒体认为美国警方采取的是军事化反应；法、德、加拿大、伊朗等媒体纷纷谴责弗格森事件再次暴露美国种族主义和警察暴力问题；美国本土认为弗格森事件是“美国之春”，呐喊“美国，我们出问题了”；联合国则敦促美国政府深入审查司法体系，根除种族歧视。事实上，我们不难找出该枪杀事件与背后美国社会政治、经济、文化及法律体系之间千丝万缕的联系。

近日，美国公民自由联盟网站提供的一份指南——《同警察滥权做斗争：社区行动手册》坦诚，“美国警察滥用权力是一个非常严重的问题。警察滥权具有很长的历史，而且是全国性的：美国没有一个警察局敢说自己没有出现过不当行为。而美国警察这种滥用权力或频繁使用暴力将最终失去民众对它的信心和支持”。

由于美国法律保证警察执行公务的绝对权威，权力很少受到限制，且但凡白人警察枪杀黑人一般多被无罪释放，无形中助长了白人警察枪杀黑人的胆量与过度执法。在警用装备方面，美国警察装备堪称先进。尤其是“9・11”恐怖袭击以后，美国政府借“反恐”需要，大力强化全美各地警方的军事化装备。警察自卫的首要性，使得警察可以对任何自认为的威胁，主动采取暴力行动。现实中只要对美国警察稍不合作就可能遭遇暴力执法，甚至被警察当成恐怖分子击毙。纽约警察可以打伤乱穿马路的八旬华裔老人，甚至不惧引发印度民愤强行铐走其女外交官并侮辱般脱衣搜身，也被称为“严格执法”；2012 年 29 岁的白人协警乔治・齐默尔曼枪杀 17 岁黑人少年马丁，最终被判无罪，引人侧目，让人唏嘘。多起白人警察枪杀黑人案件，警察都被判无罪，其法律依据，是各州不合理的“不退让法”。该法令规定，“当事人如果感觉受到威胁，可以在没有事先尝试逃离或者躲避的情况下，以武力对抗武力，甚至动用致命武力”。这种令人恐惧的美式“警察文化冲击”造就了美国警察是当今世界最“牛”、最强悍和最强硬的警察，引发近年来美国社会各界对警察 “执法过度”和“强悍”执法，以及频繁使用暴力的质疑。

三、骚乱的思考

由弗格森小镇非裔青年布朗被枪杀、白人警察威尔逊不被起诉引发的美国大范围的严重骚乱，使美国的种族歧视、人权问题又一次站在舆论的风口浪尖，暴露了美式治理机制的缺陷，表明了美国社会一直存在着的与金钱、歧视、利益和选票等等复杂因素相关的种族歧视、枪支泛滥以及警察滥权等一系列重大人权问题与社会问题。如何平衡种族歧视、警察滥权之间的张力，避免二者恶性循环，怎样在法律上、制度上彻底解决这一痼疾，看来美国还需要去做很多。或许正如公众所说的，给每一个警察佩戴身体录像装置，给每一辆警车安装录像装置，倒是当下一项立竿见影的低成本选择。

网络犯罪：不得不面对的挑战

张远煌 *

一

网络技术，如同遗传技术、基因技术、人工智能和核技术一样，在带给人们便利、促进社会发展的同时，也使我们不得不面临着新的犯罪风险。如何防范和打击网络犯罪活动，已成为世界各国普遍面临的重大社会问题。

我国进入互联网的时间较短。1994 年 4 月 20 日，实现了与 Internet 的连接，被国际上正式承认为真正拥有全功能 Internet 的国家。1996 年底，我国 Internet 用户数才 20 万，但截至 2014 年 6 月，网民规模已达到 6.3 亿，互联网普及率接近 47 %，已取代美国成为世界第一网络大国。在互联网成为我国社会发展进步助推器的同时，我们也面临着网络犯罪活动猖獗、互联网安全形势异常严峻的形势。

基于网络犯罪的发生机理，网络犯罪大致可分为三种类型。这三种类型的网络犯罪，也基本代表了网络犯罪的发展轨迹：

（1）以网络为目标的犯罪 ——指以网络信息系统为对象的犯罪形式，如损害网络信息系统的安全性、完整性的行为，主要发生于第一代互联网时期。此时的网络犯罪，基本等同于“计算机犯罪”。

（2）以网络为工具的犯罪——1946 年世界上第一台电子计算机问世，其后的十多年时间内，由于电脑价格很昂贵，数量极少，难以形成计算机网络。早期所谓的计算机网络主要是为了解决电脑价格昂贵、数量极少这一矛盾而产生的，其形式是将一台计算机经过通信线路与若干台终端连接，

---

* 作者为北京师范大学法学院教授。

形成最简单的局域网。伴随着电脑的普及和网络门槛的降低，网络成为平民化的网络，社会对于网络的依赖性日益增强。以此为背景，网络犯罪的类型开始转变，由以计算机信息系统为犯罪对象，转变为以网络为犯罪工具，即利用网络的技术优势（通讯的便捷性、主体的虚拟性）来实施传统犯罪。在这方面，经济领域的网络犯罪大量发生，是目前我国网络犯罪的一个主要特征。其中，又以网上盗窃、网络诈骗、网络色情、网络赌博、网上贩毒贩枪以及网络洗钱等犯罪尤为猖獗。

（3）以网络为平台的犯罪 ——随着网络的迅速发展和网络社会的形成，网络由工具变成了人们的另外一个现实的生活场景，人类社会由此进入网络社会与现实社会并存的“双层社会”阶段。由此，犯罪既可以是全部发生于网络空间，也可以同时跨越网络空间和现实社会两个平台，比如设立色情、赌博网站，在网络上发布恐怖信息，发布损害他人名誉或商业信誉的信息，以及教唆、煽动他人犯罪等。

二

网络犯罪的出现和发展，对现行法制体系提出了三大挑战。

挑战一：传统法律体系难以应对网络空间中的犯罪。

传统法律体系是立足于实实在在的物理环境确立的，而网络犯罪是发生在虚拟空间的犯罪形态，犯罪发生的空间及发生方式的变化，必然导致传统法律系统在应对网络犯罪问题时会出现种种不适应的现象。

个人的隐私权、著作权在现实环境下相对比较容易得到保护，但在网络环境下，这些权利则十分脆弱，即使高频率地遭受侵害，对侵权者也很难予以有效制裁；同样，面对恶意攻击和非法侵入，不仅有关国家安全的信息资料保密难度明显增加，而且个人的合法权益也会在不知不觉中遭受侵害。同时，随着手机娱乐功能越来越多，接受手机增值服务的人也越来越多（下载彩铃、图片、游戏等），在这个过程中，你的手机就有可能被置入恶意的扣费软件，导致你被强迫增加手机话费，犯罪人因此获取暴利。软件制造商或服务提供商进行的这些违法犯罪行为虽然在实践中不断发生，但直至 2011 年 5 月，在江苏常州才侦破全国首例手机病毒恶意扣费案。在这起案件中，涉及27个省市的1000多万手机用户，有数十万人在不知不觉中被扣费。其中，仅江苏省就有3万余人被非法扣费，犯罪人从中非法获利100多万元。

还有一个不得不面对的问题是：在网络空间中，传统的地理概念或政治上的国界不复存在，网络犯罪由此导致的不仅仅是犯罪行为地与犯罪结果地发生分离的问题，还使跨国界的国际性犯罪成为常态。这一变化对传统法律中的管辖原则带来了现实困难，不少案件的查处已经超越单一国家的能力，而需要国际之间的有效合作。同时，对网络犯罪的侦查而言，由于没有了传统意义上的物质现场，以实地现场勘察为基础的传统侦查模式也很难适应。

凡此种种，均是由于现实环境与网络环境下犯罪的差异性所造成的。这表明，用立足于物理环境下的法律体系应对虚拟网络空间中的犯罪必然具有不对称性。在这方面，哈佛大学教授、IBM公司前首席科学家布兰斯科姆，有过这样的总结：计算机网络环境的显著特点是多样性、复杂性、差异性和治外法权，所有这些特征都对调节信息产生、组织、传播和存档的法律提出了挑战。显然，这里挑战的不仅仅是某一法律部门的问题，更不是专指刑法层面罪刑规范的设计问题，而是对整个法律制度体系的全方位挑战。

挑战二：网络犯罪的特点注定了网络犯罪的低追诉率。

在这方面，人们常常存在一种认识上的误区，以为只要刑法把某种行为规定为犯罪，这种行为因为会受到刑罚处罚就自然趋于减少。然而，现实中如何利用既有规则惩罚犯罪，往往比人们想象的要困难得多。刑法将某种行为纳入自己的规制范围，首先表达的是社会或统治阶层对这种行为严重地不能容忍，并力图借助于刑罚处罚的威慑遏制其发展的态度与意志。但实践中，具体罪名适用率的高低，则直接取决于侦查活动的效能。

侦查，就其实质而言，是在获悉或知晓有违反刑法禁令的行为发生时，通过专门的调查活动去发现、收集、固定证据，以此揭露犯罪和查缉作案人的过程。由此，刑法中的罪名适用率和刑法功能的发挥程度，都要依赖于对实际犯罪行为的发现率与揭露率。但侦查效能的高低，受制于一系列主客观因素的制约和影响，这其中就包括犯罪的类型和特点。不同类型的案件，其破获的概率存在显著差异。暴力性犯罪（伤害、抢劫、强奸等）因犯罪人与被害人有直接的接触，可供收集的证据类型多，其侦破率较非暴力性案件（如盗窃）明显要高。但是，网络犯罪是一种以高技术为支撑的犯罪。网络犯罪的出现，使得犯罪和犯罪人的传统特征大大改观。网络空间的犯罪现场往往“宁静而安详”，作案人大多文质彬彬，远非传统侦查中作为摸底排队重点对象的有劣迹和前科的社会边缘人群；网络具有瞬时性、动态性特点，许多网络犯罪可在瞬间完成；网络犯罪中的犯罪人与被害人可以不发生实际接触，网络的匿名性使得行为人隐身于虚拟世界，难以追查其真实身份和实际处所；网络犯罪缺乏目击证人和知情者，揭露和证实犯罪的证据多存在于程序、数据等无形信息中，很容易被更改和删除。

同时，网络犯罪涉及诸多的环节和链条，通常需要多人同时参与犯罪。以网络诈骗为例，其一般模式是：甲诈骗、乙转账、丙取钱。尤其是网络赌博，其非法牟利链条更加复杂。这种高度专业化的有组织犯罪，不仅给侦查取证工作带来挑战，而且增加了打击非法牟利链条的难度。

上述特点决定了，网络犯罪案件的实际侦破率不可能高，以之为基础的定罪率自然就低。这也正是网络犯罪为何会愈演愈烈的重要原因。网络犯罪“低风险、高回报”的特性，对潜在的犯罪人太有吸引力了！即使在号称“网络王国”的美国，根据其本国学者估计，网络犯罪的发现率仅为1%；而在发现的网络犯罪案件中，破案率不到10%，定罪率还不到3%。

挑战三：网络犯罪案件的管辖和定罪量刑标准面临诸多法律难题。

同样是受网络犯罪特点的影响，司法实践中也面临着多方面的法律适用难题。一是案件管辖确定难。网络犯罪与虚拟空间的伴生关系，以及网络的全球联通性使得传统的刑事管辖基础变得模糊，动摇了传统刑事管辖权的根基。

世界各国在传统犯罪的刑事管辖上，大多采取结合性的刑事管辖体制，主要坚持以属地原则为主，属人原则、保护原则与普遍管辖原则为补充。但是，网络犯罪不像传统犯罪会受到地域的限制，它打破了国界、时空的限制，可以轻而易举地跨国、跨地区实施。如网络犯罪行为人在A国实施的犯罪，其危害后果可能发生在全世界的任何地区，这就产生了越境管辖等问题，这些问题均会造成司法管辖权方面的冲突。

在现有的国际法律秩序中，如何更新或变通原有的管辖规则，是追究网络犯罪和维护国家主权与合法利益必须解决的问题。就国内网络案件的管辖而言，我国刑事诉讼法规定以犯罪地管辖为主、被告人居住地管辖为辅的原则，但实践中，网络犯罪所涉及的网站服务器所在地、网络接入地、网站建立者、管理者所在地，犯罪过程中行为人、被害人使用的计算机信息系统所在地，以及与犯罪实施行为相关的地点等，都可以被视为犯罪地。同时，对于财产型犯罪，犯罪地还包括犯罪行为人实际取得财产的犯罪结果发生地；对于利用网络对不特定人员实施的财产犯罪，被害人财产损失地也可以被视为犯罪地。

由于案件管辖不明，不断发生相互推诿或抢管辖权的现象，其结果是又降低了侦查效率。一些案件因立案不及时错过了破案时机，严重影响了打击效率。如何根据网络犯罪的实际情况调整案件管辖，确保案件的顺利处理，是亟待解决的问题。

二是电子证据的认定和采信难。认定网络犯罪的主要证据就是电子数据，修改后的刑事诉讼法明确将电子数据确定为法定的证据种类，这就消除了网络犯罪查处过程中调查取证的法律障碍。但技术障碍则不会因此而消失。因为，网络是由技术构筑起来的虚拟空间，电子数据具有损毁、灭失快的特点。因此，证据的固定需要较高的技术手段。

同时，在侦查取证环节，是否严格遵循了收集电子数据的法律程序及有关技术规范，是否需要将原始存储数据一并随案移送等，司法实践中都容易引发有关电子证据的真实性、全面性和关联性方面的争议。这些对侦查机关来说都是不小的挑战。

以网络赌博案件为例，犯罪嫌疑人常常利用境外服务器，不仅存在远程取证的困难，而且电子证据要形成证据链的过程比传统证据更为复杂，侦查人员登录网站并且截图，这显然是不够的，基于“排除合理怀疑”的证明要求，还需要一系列能展示赌博过程的证据予以佐证，有时还要对这些证据的真实性、完整性进行专门鉴定才能加以确定和采信。实践中，一些案件由于获取的电子证据不具有唯一性或排他性，导致常常难以定案。

三是定罪量刑标准难确定。在定罪量刑标准方面，即使是借助网络平台实施的犯罪与传统犯罪相比也有特殊件，有必要在刑法对传统犯罪规定的基础上，专门设定网络犯罪的定罪量刑标准。例如，为了依法惩治网络赌博犯罪活动，最高人民法院、最高人民检察院、公安部于2010年联合出台了《关于网络赌博犯罪案件的意见》，其中就专门界定了网上开设赌场犯罪的定罪量刑标准。

面对现行立法尚不适应网络犯罪实践的整体格局，司法实践中通过刑法解释力图把一些网络犯罪纳入传统罪名的规制之中，是权宜之计，国外司法实践也存在类似情形。但这种解释大多属于扩张解释，这种解释方法本身虽然并不违反罪刑法定原则，但其解释结论可能与罪刑法定基本原则相抵触，从而侵犯公民的自由，阻碍网络产业的发展。

三

由于网络犯罪的自身特点，注定了网络犯罪属于“犯罪黑数”极高的犯罪类型。这也意味着通过现实打击来遏制网络犯罪的实际效果相当有限。

社会治理概念的提出，是人类在寻求解决社会问题的路径和策略上的一次重大转变。当前的治理概念中，强调政府、社会组织和公民个人为了共同的社会目标而各自发挥自己的作用，克服各自能力的缺陷，以此实现在公共事务管理上的善治。具体到网络犯罪的治理，就是所有提供和分享互联网便利的主体——国家、社会组织和个人都必须参与其中，通过整合各种社会力量，形成预防和抵御网络犯罪风险的合力。

从国家治理层面看，网络秩序和网络安全正日益得到重视。党的十七届六中全会审议强调了网络法制建设；党的十八届三中全会《决定》更是对于互联网的发展和管理明确了“积极利用、科学发展、依法管理、确保安全”的16字方针。但这些政策性的宣誓还有赖于转化为具体的规范体系，唯此才能为网络安全提供有力的制度保障。

然而，我国目前正面临着治理网络犯罪立法资源不足的问题。一方面，网络立法目前尚处于就事论事的阶段，在不同的立法中，体现出对不同网络利益的保护，尚未形成有关网络犯罪的、具有内在协调性的立法体系。

另一方面，即使在不完备的现行立法中，政策性立法又占主导地位，如《关于维护互联网安全的决定》，原本涉及的网络犯罪类型是比较系统的。2009年通过的《刑法修正案（七）》，新增了网络犯罪的规定，并在以下两方面取得了新的进展：一是由单纯保护计算机信息系统的安全，转向同时重视保护计算机数据的安全；二是由只处罚直接侵害计算机信息系统安全的行为，转向同时处罚为侵害计算机信息系统和数据安全提供程序、工具的帮助行为，从而压缩了网络犯罪在法律上的生存空间。但网络立法的完善难以一步到位，随着网络犯罪形势的发展，仍然需要不断进行立法修改。例如，我国刑法规定的非法侵入计算机信息系统罪，只保护国家事务、国防建设、尖端科学技术领域的三类计算机信息系统，对其他计算机信息系统没有提供刑法保护，存在保护范围过窄的问题。

在社会组织层面如何治理网络犯罪，在我国更是一个具有挑战性的问题。在这方面，除了强调网络企业要讲究诚信和依法经营外，还要强调切实承担起防范网络犯罪的社会责任。目前，一些服务网站和互联网服务商，没有按照国家有关要求落实安全管理措施和技术保护措施，导致公民信息大量被窃取、贩卖，由此引发许多重大网络诈骗、网络盗窃案件，严重危害社会公共安全和公民财产安全。如何强化安全防范意识，从自身做起，尽量消除安全隐患，应是对网络企业履行社会责任的底线要求。

再进一步讲，勇于担当社会责任，积极运用先进技术防范网络犯罪，应成为我国网络企业，尤其是大型网络企业的重要价值追求。这方面，作为全世界最流行电脑操作系统的生产商，微软公司2013年在其总部设立了高规格的网络犯罪中心（Cybercrime Center），旨在对全球互联网犯罪行为进行实时追踪并予以主动打击。这对我国的企业和其他社会组织在防范观念与战略选择上有重要的启示意义。面对网络犯罪的特点，如果仅仅依靠司法机关的事后打击，不足以有效遏制网络犯罪的发生；唯有掌握先进技术的网络企业，发挥自己在人力、技术和信息资源方面的优势，采取有针对性的主动防控措施，才能尽量减少网络犯罪对自己和社会的实际危害。

微软成立网络犯罪中心的一个现实背景是，国际范围的网络犯罪执法发展缓慢，黑客团体在技术及商业层面已日益占据有利地位。为了扭转与网络犯罪作斗争的被动局面，除了国家层面的努力外，开发和运用先进技术的网络企业必须参与其中。这既是“高科技犯罪需要用高科技手段应对”的规律性需要，也是企业作为推动社会发展和进步的重要力量，所应有的一种社会责任担当。当然，这样做对企业的长远利益是有切实的好处的。

因为，成为一个受社会尊重的企业，这本事就孕育着无限的商机。这也正是治理概念下力求双赢或多赢的具体体现。

就社会成员而言，参与网络犯罪治理，不仅仅是出于高尚的利他主义，也是实实在在地为了自己。在风险社会语境下，犯罪已不再被视为低概率事件，而是日常风险的表现形式。犯罪风险防控也从昔日国家层面的垄断，逐渐转化为社会组织和公民个人必须面对并需要在时间、精力和财力上有所付出的现实问题。作为社会成员，即使仅仅基于自身安全需要的满足，也应对之保持应有的戒备。尤其在上网娱乐、购物、交友等过程中，要有防止遭受网络犯罪侵害的警惕性。要知道，现实中的犯罪为什么是针对“你”而不是针对别人发生，正是因为“你”身上存在着某种易被害倾向（轻信、贪图便宜、虚荣心太强、进入自己并不熟悉的领域以及追求与身份不相符合的生活方式等），才诱发了潜在犯罪人针对“你”实施侵害的动机，或者为犯罪人实施侵害提供了便利的条件。在网络犯罪语境下，犯罪与被害之间的这种互动关系，往往表现得更为突出。

同时，互联网发展到今天，网络社会不仅已经不再是一种虚拟的存在，而且与现实社会已经密不可分。现实社会要讲道德底线和遵纪守法，网络社会更需如此。在某种意义上，能否自觉遵守和维护网络社会秩序，更是衡量每个公民道德水准的试金石。因为，在无人监督的情况下遵守规则，才是社会规则内化于心的真正体现。

此外，与网络犯罪的受害面广、受害人群十分分散的特征相对应，一旦发现可能遭受网络犯罪侵害，及时报案，也是履行公民义务的重要表现。前述江苏常州恶意扣缴手机话费案，之所以引起公安机关介入，在于有两位手机用户发现自己当月手机话费比平常多了 20 元，于是到营业厅查询，均发现自己的手机被订制了一个 SP 服务，每个月要扣 20 元固定费用，于是两人分别向公安机关报了案。公安机关顺藤摸瓜，最终破获了这起涉及全国 27 个省市受害人群的大案，阻止了危害结果的继续扩大。

面对日益严重的网络犯罪风险，只有国家、社会组织与公民携手合作、各尽所能，网络技术造福于社会和每个公民才能梦想成真。

留住 APEC 蓝：再谈雾霾

张忠民 *

12 月份，本想借助访友之名，一睹京城 APEC 蓝的芳姿。然而，下了飞机，走出候机楼，眼前依然是天空灰暗、楼房若隐若现的朦胧景象，空气中还带着类似于枯叶燃烧的呛鼻气息。朋友告诉我，这几天北京雾霾指数又爆表。惋惜之余，不由担心 APEC 蓝当真如公众打趣的那样，变成“短暂美好事物”的代名词。然而，惋惜归惋惜，作为长期关注和研究环境资源的一员，总要冷静地分析，给点建设性的意见。

雾霾，是雾与霾的总称。事实上，雾不同于霾，二者对湿度的要求不同：前者是大气中的水汽凝结而导致能见度低；后者是空气中悬浮的大量颗粒物与气象之共同作用。因此，两者的连接点是颗粒物，尤其是当前大家已熟知的 PM2.5——直径小于或等于 2.5 微米的颗粒物。虽然 PM2.5 只是地球大气成分中含量很少的成分，但它对空气质量和能见度等有重要的影响。这就是为什么 2014 年 2 月习总书记在北京考察的时候指出的：“应对雾霾污染、改善空气质量的首要任务是控制 PM2.5。”

2012 年 5 月，环保部要求全国 74 个城市在当年 10 月底前完成 PM2.5“国控点”监测的试运行，12 月底前公布监测结果；2013 年，越来越多的地方政府列出了监控 PM2.5 的具体时间表，有的还上升到了地方立法层面。从普通公众的角度，这两年来最为直观的感受是，大家可以通过网络或者手机软件即时查询到 PM2.5、臭氧等指数了，不再仅仅局限于以往的 PM10、SO_2（二氧化硫）、NO_2（二氧化氮）、AQI 等有限的信息。

然而，充分满足公众的环境知情权，这远远不够，还应从国家立法、

* 作者为中南财经政法大学法学院副教授，环境资源法研究所专职研究员。

环境侵权救济、环境责任承担等多个方面入手，客观坦诚地对待雾霾的治理。2012年《环境保护法修正案》规定："科学确定符合我国国情的环境基准。"那么，什么是我国国情？华北地区铺天盖地的雾霾？PM2.5屡屡爆表？不需要制定高标准、提出严要求？答案应该是否定的，因为在追求普世的环境权——在健康、舒适的环境中生存和发展的权利——这点上，人类的诉求是共同和普遍的，因为我们只有一个地球！当然，必须要注意，这与国际环境法上共同而有差别原则所提及的"国情论"是截然二致的，因为在履行与承担国际环境义务和责任的时候，考量一国的污染供给、经济水平等因素是妥帖的，但在保障人体健康的标准制定等方面，决然不存在孰轻孰重、命贵命贱之分。

另一方面，当下的环境侵权救济、环境责任承担，始终走不出一个怪圈：环境侵权问题越来越多——政府监管越来越严——责任主体越来越明——责任能力越来越弱——政府不得不最终埋单——环境侵权问题又越来越多……因何如此？主要原因是救济途径单一，多元化的救济模式始终没有真正建立。政府管得太多、分身乏术，无法从繁琐的和单一的"命令—服从"模式中"潇洒"地转身。因此，根据"责、权、利、效"相统一原则，管得多，也就要兜得多；出了问题，舍你其谁。对此，在环境政策和法律的制定、执行与监督等众多环节，应充分吸纳和保障公众参与。不要害怕和排斥参与的公众，毕竟"权为民所赋、权为民所用"。就拿前文提到的PM2.5监测来说，政府在保证自己的日常性监测等必要监测的基础上，可以欢迎更多的中介组织、第三方机构提供数据，彼此形成良性互动，相互促进和完善数据的科学化，甚至逐步在执法性监测上更加依赖于独立的第三方的数据，省得遭受"既当裁判员、又当运动员"的非议。再如环境公益诉讼，无须担心起诉资格的扩大会当然地导致滥诉的发生，说句实话，环境案件复杂、证据获取异常艰难、诉讼成本极度高昂，在有"厌诉"传统的中国，没有那么多人会愿意踏入法院。要知道，环境公益诉讼是在帮助和促进政府执法，而非挑战和对抗政府执法，它可以充当社会的减压阀，沟通政府和个人之间的关系，还可以检验环境法律的运行状况，促进司法程序的完善和法院权威的树立。这么好的东西，何乐而不为？

有必要重申，我们要反对政府整体的随意埋单，更要警惕政府整体的埋单沦为政府某个部门（环保部门）的随意埋单，进而沦为某个个人（环保局长）的随意埋单。这不是在反对行政问责，而是在反对违反法律原则和理念的问责。我国的环境管理职权分散在环保、水利、国土、林业、渔业等众多部门，既然没有给某一家统一监管的权力，那么就不要出了事儿之后依据部门的名号武断地划定责任。若是那样，是不是出了一起交通事故，就要追究交通部门的责任呢？真正做到依法行政，完善行政问责制，改变当下“坐得住的顶不住、顶得住的坐不住”的现象，让那些真正想做事的人，既要顶得住，还要坐得住。

我也有一个梦想，期盼着接下来的一切悄悄地发生：每天睁开眼睛看到的是一片澄净、蔚蓝的天空。

少林寺到底是谁的？
——少林寺追讨5000万门票款的法律分析

仲崇玉*

2013年11月18日，少林寺向郑州市中级法院提起民事诉讼，状告登封市嵩山风景名胜区管理委员会（下称嵩管委）违约，要求后者按照先前双方签订的关于少林景区门票收入的分成协议支付拖欠的近5000万元的门票款，以及延迟支付违约金200多万元。本来这个案子似乎并未引起媒体多大关注，但2014年9月嵩管委一位官员的一番雷人话语却引起媒体很大兴趣："少林寺要那么多钱干什么？少林寺都是出家人，能花多少钱？他们接受那么多布施，什么时候被审计过？"媒体纷纷以"少林寺门票款分成案"为题进行报道，一时成了新闻热点。

与这番言论"相映成趣"的是官方对于少林寺的定性。在官方看来，作为文保单位和旅游景点的少林寺，土地和房产都为国有，政府当然有权进行规划和开发。登封市有关领导多次表示，官方为了提升少林寺周边环境，拆迁改造一共花了超过10亿元。

按照官方的理解，少林寺本身就是一个宗教活动场所，一个土地和房产相结合的综合财产，其本身就是国家的财产，而政府是国家的代表者，因此，政府有权规划、开发少林寺，当然也就有权收取、享有开发少林寺所产生的利益，少林寺中的僧人则根本无权染指。而按照嵩管委的那位官员的主张，少林寺僧人应当像佛祖最初训示的那样，托钵乞食、过午不食、云游修行，以正涅槃之境，严禁积蓄私财，根本不需要这些收益。二者一正一反，配合默契，几乎封住了少林寺所有可能的反击。

然而，这种观点却经不起法律的推敲。首先，按照我国宗教政策，宗

* 作者为西南政法大学民商法学院副教授。

教活动场所的房产归宗教活动场所所有，其所占用土地的使用权亦归该宗教场所所有，任何其他机关、个人和组织都无权侵占，挪用，这自然包括国家以及国家的代表者——各级政府。因此，少林寺的财产并不属于国家所有，政府也无权随意规划/开发少林寺，更无权获取其收益。即使政府出于公共利益的需要而征用或征收宗教活动场所的土地和房产，也必须进行合理补偿后方可进行。

其次，少林寺并非完全不食人间烟火，它不仅有属灵的精神信仰，也有世俗的“沉重肉身”——这不仅包括需要“时时常拂拭，勿使惹尘埃”的神像，需要经常进行维护的文物建筑，还要兴建许多宗教设施如少林寺图书馆、少林文化博物院、僧侣居住的僧社，还有僧众的基本生活资料，甚至还要做一些慈善活动，例如抚养以少林寺名义收养的一百多名孤儿。因而维系这个肉身是需要钱的，正是出于这个缘故，古代寺庙财产至少有佛物、法物、僧物之分，佛物包括佛像、殿堂、香华、佛衣、幡盖之类，法物如经卷、纸笔、箱函、巾之类，僧物指僧房、田园、衣钵、谷菜之类。而作为国际上有影响的千年古寺，少林寺还要开展佛事活动、保护寺院文物、弘扬和发展少林文化，这些一样也需要钱。正如政府有财政预算一样，少林寺也需要经济基础。

最后，少林寺是一个独立的社会组织，负有独立的宗教和文化使命，为社会独立地提供精神产品，具有自己的名称和独立的组织机构。因此，少林寺是一个独立的法人，从法律意义上来说，作为由土地、房产、无形财产以及其他财产所构成的作为财产综合体的少林寺只能属于作为一个法人的少林寺，即作为客体的少林寺只能属于作为法律主体的少林寺，而不属于其他任何人，否则少林寺就只能是块唐僧肉。

当然有人会问，那作为法律主体的少林寺又是属于谁的？这个问题实际上将我们从法律领域带至了社会学场域之中。从社会视角来说，少林寺首先是属于少林寺的僧团的，这不仅仅是甚至也不主要是因为僧人们生活在少林寺之中，在事实上占据着少林寺，而是因为现在的少林寺僧团和历史上的历代僧团以及未来僧团是一个延绵不绝的整体，是一个真正的“金刚不坏之身”，而且正是这个特殊的永恒的生命体赋予无生命的少林寺以灵魂，维系了少林寺的宗教生命，使其成为一个有灵性的精神之所而非简单的一些建筑物。可以说，少林僧团对于少林寺的管理地位也是历史上自然而然地形成的。当然，少林僧团对于少林寺的权利应当受到国家法律的限制，并受佛教教义的约束，而且更重要的是，僧团对于少林寺的权利并不是完全排他的，还有其他群体也享有权利，少林僧团必须尊重这些权利。

其他群体中首先有必要提到的就是向少林寺捐赠财产的施主，或者为少林寺发展做出贡献的信众。他们当然有权利向少林寺提出某些要求，如要求少林寺以合理方式或按捐赠合同所约定的方式使用其捐赠的财产；再如要求少林寺公开必要的财务信息，进行必要的审计；甚至可以要求少林寺进行治理结构上的某些改变，如寺庙重大财产变动前应当征询一些施主的意见，或向其进行必要的信息披露。

其次，有必要提到的可能就是国家或政府了。按照制度经济学的观点，向社会提供公共产品和服务是政府的职责，就少林寺而言，这些产品和服务包括修筑、养护公共道路，保护生态环境和自然资源，认定、保护宗教文物，维持周边社会治安，进行周边规划和开发。因此，作为社会公共利益的代表者，政府有权监督少林寺做好文物以及其他文化遗产保护工作，监督少林寺的收益用于宗教目的而非“内部分红”，即确保少林寺的非营利性。但是，政府在提供这些公共产品的时候，不应当像商人一样进行营利行为，然而从少林寺“被上市”，到“规划开发”少林寺，再到赖账不还，政府分明就是一个追逐利润的商人，而且是一个极端不诚信的商人。以“少林寺都是出家人，能花多少钱”作为拒绝还款理由，近乎无赖，因为欠债还钱是一回事，而对方差不差钱是另一回事。因此，必须明确，政府对于少林寺的权利仅仅是限于外部监督，而非巧言令色与之争利，更非越过政教分离原则直接干预少林寺内部事务。

最后，还应当说少林寺是属于全社会的，社会成员可以无偿接近使用少林寺的宗教设施和配套设施。社会成员的这一权利，不仅源于少林寺是古代人民群众集体财富和智慧的结晶，是公共的世界文化遗产，而且还源于政府为其文物保护支付了费用，而这些费用则来自纳税人，社会成员作为纳税人，更应拥有这些权利。当然，这些权利也必须以尊重少林寺宗教仪轨，遵守文物保护法规以及寺内相关规定为前提，绝非意味着可以随心所欲，将少林寺当成一大二公的公社食堂。

看上去，少林寺的归属还真有些复杂，但是法律提供了一个简单而有效的解决办法，那就是法人制度。作为社会组织的少林寺是一个法人，少林寺的财产只能属于作为法人的少林寺，少林寺的社会主体们，无论是僧人、施主、信众、政府还是社会公众，都无权主张天然的独占权利，都只能在尊重法人少林寺的前提下依法行使自己的权利。不仅如此，对于宗教财产、宗教事务的监督，也一样只能以法人制度为基础。

本书第一部分是“普通刑法”，第二部分是“特别刑法”，第三部分是“立法解释”。“普通刑法”条文后面附有“小结”“关联规定”和“历年真题”。

“小结”主要是本书对刑法某些问题的归纳笔记。

“关联规定”是将与刑法条文有关的其他法律条文、立法解释和司法解释等悉数分解置后的汇编。

“历年真题”是将精选的1986-2014年客观题，分别附于相应条文之后。

《2015年刑法条文整理与历年真题解析》
山东人民出版社 2015年1月出版

本书第四部分是10个条文专题的归纳整理，第五部分是10个理论专题的历年真题，第六部分收录1997-2014年案例分析题。

考生应当系统学习归纳，进而高屋建瓴准备应试。本书借助完全归纳，向考生展现一条完整的备考之路。

单双号限行的法理和无理

刘太刚 *

或许是因为尝到了 APEC 蓝的甜头， 在 APEC 贵宾离开后不久，北京市副市长就宣布对机动车单双号限行常态化的问题开展研究。至此，北京打算将单双号限行常态化（包括周六日）的政策倾向已昭然若揭。这样的政策倾向一旦真的落地为公共政策，几百万北京私家车主的财产权益和日常作息将会受到重大影响。尤其考虑到北京对全国的示范效应，因此更有必要对此政策倾向的法理和后果进行细致的分析。

一、单双号限行：强夺三千亿民财

按官方统计，2013 年底北京有民用汽车 518.9 万辆，比上一年增加 23.2 万辆；私人汽车 426.5 万辆，比上一年增加 19 万辆。按照 2013 年的增长速度，2014 年底北京的民用汽车数量将达 542.1 万辆，私人汽车数量将达 445.5 万辆。以平均每辆汽车的购置成本（购车价格 + 税费）13 万元计算（考虑到北京 7 万元以下购置成本的汽车鲜见，而 30 万元以上的车却比比皆是，百万以上的豪车也屡见不鲜，13 万元的平均价并未高估），北京民用汽车总价值达 7047.1 亿元，私人汽车总价值达 5791.5 亿元。而如果单双号限行在北京全面推开，就意味着北京私家车主的汽车价值生生被夺走了一半以上（双号车主损失更大）。考虑到数量可观的民企汽车未包括在前述私人汽车的统计数据之内，北京车主损失的民财将达 3000 亿元之巨，这无疑是单双号限行所要付出的代价——涉及这么巨额的一笔民财被侵夺，政府无

* 作者为中国人民大学公共管理学院教授。

疑应该给出具有压倒性价值优势的公共利益考量。

显然，政府给出的考量有两条：一是治霾，二是治堵。但问题是，这样的公共利益考量足以支持对3000亿民财的强夺吗？

二、单双号限行：一种本该适用法律保留的变相征收

《立法法》第八条明确规定："对非国有财产的征收"，"只能制定法律"。虽然单双号限行导致的民财损失不属于严格意义上的"对非国有财产的征收"，但对于私人车主而言，单双号限行等于征收走了一半汽车，而且比严格意义上的财产征收更为恶劣：对于严格意义上的财产征收，被征收人显然无须再支付被征收财产的保养费用；而单双号限行这样的"征收"，车主却还要支付被"征收"的那一半汽车的停车费、保险费、保养费、洗车费等诸多维护费用。既然《立法法》对严格意义上的财产征收规定了法律保留原则（即只能由法律规定这种财产征收），对于单双号限行这种欺人更甚的变相征收，无疑也应该比照《立法法》第八条的规定适用法律保留原则。也就是说，即便单双号限行可以实施，但也只能由全国人大及其常委会通过法律来规定，而不能由地方法规或规章来规定。因此，从法律精神和管理正义的角度看，想单双号限行就单双号限行，北京市还真不该有这个权力。

三、单双号限行：治霾和致霾的左右互搏

尽管汽车尾气对北京雾霾的贡献值众说纷纭，但汽车尾气对雾霾的贡献显然确确实实地存在——荷兰科学家哈根斯密特（Haagen-Smit）对当年洛杉矶雾霾成因的研究，已经令人信服地揭示了汽车尾气通过光化反应导致雾霾的机理。同时，北京雾霾对人身健康的损害和对民众容忍底线的挑战已经到了人神共愤的程度。这样，对于机动车的单双号限行来说，没有比治理雾霾更冠冕堂皇的理由了。

不过，由于3000亿元民财的代价实在太过巨大，因此有必要细究单双号限行对于治理雾霾的真正效果。

机动车尾气对北京空气中PM2.5的贡献率究竟是多少？目前多个团队发布的研究成果分歧极大——从3%到50%不等，但多数专家都认为应该在20%到30%之间。而最近北京官方发布了PM2.5来源解析：机动车排放对北京PM2.5的贡献为22.2%。我们以这个数据为准来评估单双号限行对治理雾霾的效果。

全面实施单双号限行（包括周六日和夜间），理论上将使北京的上路车辆减少接近一半，即单双号限行的治霾效果也就是由现在的22.2%下降到11%。但这11%的理论值却会因为以下原因而大打折扣：

1. 很多车主会不顾限行而出行。此时，政府虽然会获得一大笔罚款收入，但限行的治霾效果却大打折扣。

2. 很多平时很少上路的车（即所谓的周末车）都会被亲友或中介调动起来，以借用或租用的方式激活上路。而且，为了车辆的交接，这些车辆还要在路上行驶相当长的纯排放距离。这也会使限行的治霾效果大打折扣。

3. 单双号限行会使绝大多数1车家庭需要2辆车，2车家庭需要3辆或4辆车，进而使这些家庭的适龄成员都会涌入摇号池，最终会迫使政府增加更多的车牌发放。其结果，北京机动车总量肯定会更快速地增长，并使单双号限行的治霾效果呈现出明显的边际效益递减的趋势，且5年后会降为零。

4. 无论按照以往的限行惯例，还是民意对限行的预期，限行总要留出几个小时的非限行时段。在非限行时段单双号车辆的纷纷上路及其所导致低速行驶，也会使单双号限行的治霾效果大打折扣。

这样，经过上述四方面因素对单双号限行的治霾效果的折扣，前述11%的理论值至少会被腰斩一半，即只有5%左右。而且这5%的减少PM2.5的效果还会呈现出明显的边际效应递减的趋势，并在5年后效果降为零，就像当年北京市推出机动车每周限行一天的政策结果一样。

特别需要指出的是，单双号限行一方面有治霾（减少雾霾）的作用，另一方面也有致霾（增加雾霾）的作用，因为单双号限行会拉动一系列高致霾产能的快速增长：

第一，单双号限行人为地刺激了社会对机动车的需求，最终会推动机动车保有量的快速增长。而机动车的制造和保养都会制造雾霾，例如制造机动车所需的钢铁、玻璃和化工材料的生产加工都属于高致霾产业，机动车的喷漆保养也属于高致霾产业，机动车制造保养所需的电力同样属于高致霾产业。尽管这些产业的雾霾排放可能在河北山东，但号称首善之区的北京真的好意思干这种损人利己的事？况且，河北山东的雾霾难道就不会飘散到北京？

第二，机动车保有量的快速增长会导致北京需要修建更多的停车设施，而无论修建露天停车场还是车库都属于高致霾活动——不仅修建过程中的建筑粉尘和油漆挥发会严重致霾，其所需的建筑材料的生产运输加工都属于高致霾产业。

第三，单双号限行导致的单号日拥堵（因为大量双号牌照改为单号）和非限行时段的拥堵，导致机动车低速行驶甚至零速排放，而机动车在低速行驶和零速排放状态下的致霾效果会数倍于常速行驶状态。

第四，单双号限行对于雾霾形成的三主因有压一促二的影响，形成了左右手互搏的抵消效应。污染物排放仅仅是雾霾形成的三大主因之一。除了污染物排放之外，自然界空气净化系统（主要是生态和水土环境）的功能障碍和宜霾气象（如无雨静风天气）则是导致雾霾常态化的另外两大因素。而单双号限行在减少机动车的污染物排放的同时，却加剧了自然界空气净化系统的功能障碍和宜霾气象的生成：一方面，单双号限行导致机动车总量的快速增长必然要求新建或拓建停车场和车库，从而导致更多的植物生长地（包括绿地和荒地）寸草不生，进而降低自然界植物净化雾霾的能力，这就加剧了自然界空气净化系统的功能障碍；另一方面，单双号限行导致机动车总量的快速增长必然增加对水资源的消耗（因为机动车的整个上游产业都是高水耗产业——钢铁、化工、电力无一不是耗水大户，机动车下游的洗车业也是耗水大户），而地表水和地下水（通过植物）的水汽蒸腾是形成云气和降雨的重要因素，因而也是自然界空气净化系统（降雨净霾）和减少宜霾气象的重要因素。这样，单双号限行通过对机动车产能的刺激加剧了我国的水资源消耗，进而加剧了我国自然界空气净化系统的功能障碍和宜霾气象的生成，结果在有助于消减雾霾形成的三原因之一（污染物排放）的同时，却促进了导致雾霾形成的另外两个原因（自然界空气净化系统的功能障碍和宜霾气象）。

需要指出的是，作为计算单双号限行的治霾效果基数的 22.2% 只是机动车对空气中的PM2.5的贡献率，它相当于机动车对导致雾霾的空气污染物的贡献率。而如前所述，空气污染物只是导致雾霾的三大原因之一而已——另外两大原因分别是自然界空气净化系统的功能障碍和宜霾气象。如果这三大原因对于北京雾霾形成的权重各占1/3的话，机动车对MP2.5的贡献率要换算成对整个雾霾的贡献率则还要再除以三；即便把污染物排放作为雾霾形成的主要原因——单独占50%，后两个原因的权重合在一起算作50%的话，机动车对MP2.5的贡献率要换算成对整个雾霾的贡献率也还要再除以二。考虑到北京蓝天基本靠风及雨后空气自然清新的事实，把自然界空气净化系统的功能障碍和宜霾气象条件的致霾权重设定为50%或更高，并不为过。这样前述经过折扣后的5%的降排效果值再除以三或除以二的话，其治霾效果值分别为：5%÷3 ≈ 1.7%， 5%÷2=2.5%。也就是说，单双号限行的总体降霾效果也就是2%左右。

对此，我们不禁要问，以3000亿元民财的代价换取2%左右的治霾效果，而且这2%左右的治霾效果还会在5年内递减为零，这样的决策真的符合公共利益原则吗？

四、单双号限行：治堵和致堵的相互抵消

如果以治理雾霾为由实施单双号限行不成立，那么以治理交通拥堵为由实施单双号限行就更不成立。一方面，北京的交通拥堵并没有严重到值得以强夺3000亿元民财来解决的地步——如果严重到了那种地步，北京市从现在开始就应该停止发放新的机动车牌照；另一方面，单双号限行的治堵效果非常有限，甚至是一边治堵一边致堵。

1. 路上治堵、停车场致堵。虽然单双号限行会使路上的交通拥堵情况因车辆限行而有所缓解，但单双号限行必然会使北京的机动车保有量快速增长，这些车辆会使北京本来已经非常紧张的停车难问题更加严重，从而造成路上治堵、停车场致堵的后果。

2. 大路治堵、小路致堵。对于摄像头密布的大路而言，单双号限行的效果会较为显著。但对于没有摄像头监控的小路而言，单双号限行的意义不大。甚至有些小路会成为很多车辆躲避摄像头监控的绕行路段。这样，

单双号限行就会造成大路治堵、小路致堵的后果。

3. 双号治堵、单号致堵。由于绝大多数只有一辆车的家庭会选择单号牌照，从而导致机动车的单双号比例严重失调，结果形成双号治堵、单号致堵的现象。

4. 限行时段治堵、非限行时段致堵。由于单双号限行总要在每天留出若干小时的非限行时段，从而很容易造成限行时段治堵、非限行时段致堵的后果。

5. 前几年治堵、几年后致堵。由于单双号限行会推动机动车总量的快速增长，这样，在单双号限行措施实施之后的几年之内，其治堵效果还存在。但几年后，不仅其治堵效果递减为零，其致堵效果却会呈现递增趋势，从而形成前几年治堵、几年后致堵的后果。

对于机动车限行的实际后果，08 奥运的单双号限行和后来轮换限行的教训不可谓不深刻——正是这种短见的限行，使很多一车家庭被迫变成两车家庭，一些两车家庭则无奈升级为三车四车家庭，从而使北京的机动车保有量的增长速度远超上海，架桥修路等基础设施投入也远超上海，雾霾和拥堵程度也远超上海，市民因摇号屡屡不中的怨气更是远超上海，这种教训几年来一直就鲜活地摆在我们的面前。对此，推行单双号限行常态化的措施，眼光还得看得更远些。

为她们打开通向美好的那扇窗

——从两起真实案例谈残障儿童的性权益保护

陈莎莎 *

在我办理的案件中，有一个特殊群体——残障儿童引起了我的关注，执笔写这篇文章是希望通过两起真实案例让更多的人了解、关爱与呵护残障儿童，维护她们的性权益。

王某，一名16岁的女孩，智力三级伤残，精神发育迟滞，性防卫能力受限。王某家庭非常困难，母亲也是智力三级伤残，父亲没有固定工作，全家靠政府低保维持生活。

2013年7月7日20时许，被告人董某窜至北京市丰台区王某家中，强行与王某发生性关系，后将王某拐骗至山东省老家，多次对王某进行强奸。北京市丰台区人民检察院以强奸罪将董某起诉至北京市丰台区人民法院。北京市丰台区人民法院以强奸罪判处被告人董某有期徒刑八年，剥夺政治权利一年。

2014年4月26日14时许，被告人弯某将王某带至北京市丰台区马家堡嘉园二里家中，协助其丈夫林某强奸王某。北京市丰台区人民检察院以强奸罪将弯某、林某起诉至北京市丰台区人民法院。北京市丰台区人民法院以强奸罪判处被告人弯某有期徒刑二年、以强奸罪判处被告人林某有期徒刑二年。

残障儿童性权益保护不仅仅是一个法律问题，更是一个社会问题。两起案件中，尽管通过司法机关的有利指控，三名犯罪分子均得到了应有的刑事惩罚，但王某在两年内接连遭受一名被告人的多次性侵害和两名被告人的共同性侵害，突出反映了我国残障儿童性权益保护存在的诸多问题。

---

* 作者为北京市丰台区人民检察院未成年人案件检察处检察官。

根据我国法律的相关规定，只有丧失监护能力的情况（因精神病成为无行为能力人 / 限制行为能力人、重病、重伤、因违法行为人身自由受到长时间限制、失踪，以及其他无法行使监护权、履行监护义务的情形发生时，监护人丧失监护能力）或对被监护人明显不利的情况（虐待被监护人、非因被监护人的利益处分被监护人的财产及其他对被监护人的成长、发展不利的情形）才可申请变更监护人，不包含合法监护人无法“有效监护”的情况。在本案中，王某的父母是王某合法的监护人，但王某的母亲本身也是智力残疾，且父母均无收入，全家人靠政府的补贴生活，可以说王某的父母连自己的基本生活都保障不了，又如何保障王某的基本权益？

第一次案发前，王某因为交不起学费被迫辍学，后被董某强奸，之后王某仍未上学，其父母也没有加强对其看管，直至弯某将王某带至家中并帮助丈夫实施强奸，第二次案发。考虑到王某年仅 16 岁，曾在普通初中随班就读，有一定的学习基础，笔者会同致诚公益组织开始为其寻找能够为残障儿童提供培训的专业机构。经多方查询，发现北京市丰台区利智职业技能培训服务中心是一家成立多年、在这个领域取得很多成绩的培训机构，该中心还与多家企业有合作，目前已经有很多人经推荐成功走上工作岗位。该中心对王某进行了综合评估，认为王某具备学习能力，可以到该中心接受培训。就本案来看，如果王某能到该中心参加专业培训，就可以在短时间内受到培训中心的看管与照料，但其根本的监护问题仍未解决。

从长远来说，残障儿童的有效监护问题有待通过立法予以确立，并需要民政部门及相关组织的配合。经了解沟通，北京市丰台区利智职业技能培训服务中心是寄宿制，每月各项费用需要 4000 元左右，该中心可以为王某提供一些优惠待遇，且王某使用残疾证申请政府补贴，能够减免费用。但减免后，王某父母每月仍要支付各项费用共计 1700 元。而王某一家每月收入仅 2000 元左右，1700 元对这个家庭也是无力承受的。

根据我国《刑事诉讼法》的规定，“被害人由于被告人的犯罪行为而遭受物质损失的，在刑事诉讼过程中，有权提起附带民事诉讼”。这里的物质损失，仅指直接遭受或必然遭受的物质损失。根据《最高人民法院关于是否受理刑事案件被害人提起精神损害赔偿民事诉讼问题的批复》规定，“对于刑事案件被害人由于被告人的犯罪行为而遭受精神损失提起的附带民事诉讼，或者刑事案件审结以后，被害人另行提起精神损害赔偿民事诉讼的，人民法院不予受理”。因而在刑事诉讼中，遭受性侵害的被害人往往难以得到与其所受的身心伤害相适应的经济赔偿。针对王某的情况，为了使王某得到赔偿款，尽快恢复正常学习、生活，笔者积极促成双方达成和解，被害人最终获得了五万元的赔偿金。得到赔偿款后，王某父亲表示会尽快让孩子去北京市丰台区利智职业技能培训服务中心接受专业培训。虽然在这起案件中双方达成和解，被害人得到了一定的经济赔偿，但获得经济赔偿是以“谅解被告人”为代价的，被告人可以据此获得“从轻处罚”的刑事判决。部分被害人及其家属在遭受侵害后，为了使犯罪分子得到严惩，往往拒绝和解，此时被害人仅能得到“物质损失”的赔偿。是否应当在刑事附带民事赔偿中增加性侵害案件被害人的精神损失赔偿规定值得我们深思。

此外，我国刑事司法制度中关于残障儿童的心理救助问题尚属空白。虽然我国《刑事诉讼法》《未成年人保护法》《预防未成年人犯罪法》及相关司法解释均规定了对遭受性侵害的残障儿童的特殊保护，如2013年10月24日，最高人民法院、最高人民检察院、公安部、司法部联合下发的《关于依法惩治性侵害未成年人犯罪的意见》第25条规定“针对未成年人实施强奸、猥亵犯罪的，应当从重处罚，对严重残疾或者精神智力发育迟滞的未成年人，实施强奸的，更要依法从严惩处”，但这些对残障儿童来说是远远不够的。残障儿童因为自身缺陷往往无法正确理解其所遭受的侵害，也不知道如何释放和排解心理压力，如果得不到及时的治疗与疏导，将可能成为她们一辈子的心理阴影与负担，对她们的人生甚至下一代的人生都会产生难以估计的影响。鉴于我国当前缺乏未成年人心理专业辅导机制，司法机关可联合相关未成年人保护组织、心理机构，先构建起专门针对遭受性侵害的未成年人、尤其是残障儿童的心理专业辅导机制，对她们及时进行心理干预，将她们遭受的心理创伤降到最低。

《圣经》说：“当上帝关了这扇门，一定会为你打开另一扇窗。”作为刑事司法执行者中的一员，笔者在依法审查案件、指控犯罪的同时，希望我国的刑事司法制度能够更加注重残障儿童的性权益保护，也呼吁更多的机构及社会公益组织参与残障儿童的性权益保护事业，为她们打开那扇通向美好的窗。

对贵阳的学术访问

喻　中*

一

2014年11月初，第22届亚太经合组织领导人非正式会议在北京举行。因为这个会议很重要，我供职的大学与很多机构一样，临时放了几天假。趁此机会，我在张英民博士的安排下，受贵阳医学院、贵阳中医学院、贵州民族大学的邀请，从北京飞往贵阳作短期的学术访问。这是我第一次去贵阳。2012年以前，我虽然长期生活在重庆、成都，但却一直没有机缘探访邻近的贵阳。此次贵阳之行，增进了我对贵阳学术思想的感性认知。

临行前，我想起了一位法学界人士打过的一个比方：就中国法学资源的分布格局而言，如果说北京的法学资源指数是100，那么上海的指数就降到了10，贵阳的指数则低至1。我不知道别人如何看待这种说法，但其中的夸张成分是显而易见的；贵阳的法学资源也许不那么充足，但若说只及北京的百分之一，肯定是言过其实了。换个角度，从根本上说，学术与地缘没有太大的关系。“学在民间，道在山林”所蕴含的规律更值得省思。

带着这样一些考量，我于5日下午抵达贵阳龙洞堡机场，首先见到的是贵阳医学院的法学团队。循名责实，贵阳医学院主要是一所医科大学，在贵州省的医学领域居于领先地位。贵阳医学院下设的人文学院招收法学专业与应用心理学专业的本科生。单就法学专业而言，就汇聚了大约20名专业教师。其中，有多名青年教师来自国内的学术重镇，譬如，张英民博士、龚学德博士毕业于四川大学，李晓辉博士来自厦门大学。他们分别主持着

* 作者为首都经济贸易大学法学院教授。

国家社会科学基金项目、教育部人文社会科学研究项目，表现出很好的学术潜力。

当天晚上，在贵阳医学院宽敞明亮的“道德讲堂”为数百名学子作了一场学术讲座，所讲题目是“医学思维与法学思维”，主要表达了我对医学与法学相互关系的理解。人文学院院长杜凯教授为我主持了讲座，李晓辉博士对我的讲座进行了具有学术意义的评论。

6 日访问贵阳中医学院。与贵阳医学院一样，贵阳中医学院也设置了一所人文学院。据人文学院党委书记陈会标教授介绍，他们不仅培养法学专业的本科生，还培养行政管理等专业的本科生和研究生。应陈会标教授的邀请，我为贵阳中医学院的法学本科生作了一场题为“中医思维与法学思维”的讲座。在这场讲座中，我主要强调了传统中医对现代法学的启示意义。诸如中医的整体思维、流变思维、互补思维、复杂思维等等，都可以在一定程度上，纠正现代法学理论之褊狭。在访问中医学院期间，还结识了刘波博士。刘波博士本科阶段学习机械，又是中南大学中国古代文学专业毕业的文学硕士，博士毕业于西南大学教育学专业，是多学科之间的穿行者，是跨学科的耕耘者。

7 日访问贵州民族大学法学院。在贵阳地区，这是一所建制比较完备的法学院，拥有 50 多名法学专业教师。我在这所法学院作的讲座是“民族视野中的法理学”，我谈到了民族的概念、民族中的人与人的民族属性、法律的民族之维、关于民族的法理等相互关联的几个问题。法学院的本科生、研究生及部分教师参加了这场学术讲座。法学院副院长宋强教授为我主持了讲座，杜社会教授主持了讲座后半段的提问与交流环节，周相卿教授还对我的讲座进行了评论。

二

周相卿是法律人类学教授。多年以前，我在图书馆里看到过他的一本法律人类学方面的译著。原著出自日本学者，译著好像是在香港的文化艺术出版社出版的，印象中，装帧质量似乎不甚精美。

此次相见，周相卿教授惠赠了一册他的近著《台江县五个苗族自然寨习惯法调查与研究》。这依然是一本法律人类学著作，纳入“贵州民族学院学术文库”，由贵州人民出版社2009年印行。当晚阅读这本充满了地域特色、民族特色的著作，让我对贵州的法律传统与历史文化，获得了更多的了解。

贵州是一个多民族地区，苗族是贵州颇具代表性的少数民族，人口多，影响大。周著提示我，在贵州境内，台江地区及其他一些苗族地区，在清朝雍正年间以前，还是化外之地。在其内部没有土司统治，不受儒家文化的影响，没有国家中才有的常设机构和军队，亦没有法庭与监狱。这样的少数民族，历史上被称为“生苗”。所谓“生苗”，是与“熟苗”相对应而言的。民国《镇远府志》的区分是：“有土司者为熟苗，无管者为生苗。”从文化立场上看，被儒家文化同化的为“熟苗”，尚未被儒家文化同化的是“生苗”。还有一个更简单的评判标准：会说汉语的是“熟苗”，不懂汉语的是“生苗”。由此说来，在18世纪30年代以前，在台江一带被称为“生苗”的少数民族地区，还是国家权力所不及之地，真可谓“天高皇帝远”。

说是“天高”，还不如说“山高”更准确一些。贵阳周边地区的海拔虽然只有一千多米，从绝对值来看，并不算太高。但是，连绵的山峦无穷无尽，既险峻又陡峭，隔断了台江这样的苗族地区与中原文化的交流，甚至隔断了与附近的巴蜀文化的交流；就是与贵阳地区交流起来，亦有诸多不便。此次贵阳之行，让我真切地体会到“黔道”之难更甚于“蜀道”。世人记忆中的“蜀道难”，很大程度上源于诗人李白的名句“蜀道难，难于上青天”。但是，假如浪漫的诗人有机会在“黔道”中穿行，有机会走进台江的“生苗”地区，他对“蜀道”之难易，恐怕又是另一种说法了。事实上，“黔道”之难，已经有效地把诗人的脚步阻挡在贵阳之外了。

在几所大学讲座与交流的间歇，我还抽空参观了一处古迹：天龙屯堡。这是一座古村落，坐落在离贵阳不远处的天龙镇。这座古风犹存的古村落，起源于明朝初年朱元璋的调北征南事件。事情的由来大致是，明洪武十四年（1381年），有一个元朝遗留下来的藩王梁王，是忽必烈的后裔，名叫把匝剌瓦尔密，他杀害了朱元璋的使臣，举兵反叛明王朝。朱元璋派大将傅友德、沐英率领30万大军征南，讨伐梁王。战事经历了三个月，梁王之乱被平定。朱元璋为了稳定西南，随即命令30万军士就在此处屯军。这就是屯堡的肇始。

今日所见的天龙屯堡，已经历了数百年的风雨。屯堡中最为奇特之处，是石片建造的民居。不仅房屋的墙壁用石片砌成，屋顶亦用石片覆盖。石片既是砖，又是瓦，古意盎然，别开生面，颇有异域之风。除了石质民居，屯堡中还有一些用木料建成的古旧院落。有一处木质院落居然是“沈万三故居”，在匾额下的大门两侧，还有一副对联：“江南曾为旧籍地，黔中乃是新故乡。”此联看似平常，背后却隐藏了一段跌宕起伏的史实。

三

让沈万三从“江南旧籍”迁至“黔中新居”的关键人物，同样是屯堡的肇始者朱元璋。我甚至猜测，在朱元璋派出的征南大军中，也许就夹裹着垂头丧气、郁郁寡欢的沈万三。

沈万三原是富甲江南的大商人。今日的旅游热点苏州周庄，就是沈万三的故乡。立足水乡纵横商海的沈万三，与贵州的天龙屯堡本没有任何关联。在沈万三的生活世界里，也许从来就没有把视线投向西南边陲那片遥远的土地，更不可能知道还是一个天龙镇。他来到今天的天龙屯堡，是因为他得罪了朱元璋。根据《明史·马皇后传》，“吴兴富民沈秀者，助筑都城三分之一，又请犒军。帝怒曰：‘匹夫犒天子之军，此乱民也，宜诛之。’后曰：‘其富敌国，民自不祥。不祥之民，天将灾之。陛下何诛焉？’乃释秀，戍云南。”这段文字中的沈秀，就是大名鼎鼎的沈万三。

看来，沈万三犯下的罪过主要是两项：第一，为南京城墙的修建提供了三分之一的资金；第二，妄想犒劳朱元璋的军队。从沈万三的立场来说，这两项举动，都是为了讨好朱元璋。沈万三的逻辑是典型的商人逻辑。沈万三认为，自己主动慷慨解囊，为开国君主送上一份厚礼，无论如何都没有坏处，“礼多人不怪”嘛。但是，商人的逻辑与头脑，即使再精明，有时候在政治上也是行不通的。他既搞不懂朱元璋的心理，更挠不到朱元璋的痒处。在朱元璋看来，一个位居“四民之末”的商人，有几个臭钱，就能在我面前摆阔？犒劳我的军队，给我的军人发奖金，是否想收买军心？是否还想争夺对军队的控制权？现在看来，精于商道的沈万三不知天高地厚，太不懂政治了，太不懂政道了。要不是马皇后的那几句话，沈万三的小命很可能当时就丢了；在今日的天龙屯堡里，也就不可能有什么“沈万三故居”了。

按《明史·马皇后传》中的说法，沈万三的流放地是云南，那么，贵阳附近的天龙屯堡怎么会有沈万三的故居呢？这是一个疑问。我对这个问题的看法是，明朝初年的云南，特别是在沈万三获罪之际的云南，就包含了今日的贵阳地区。从历史上看，在元代之前，尚未出现“贵州”这个地名。元代设置行省，今日的贵州地区仍分属湖广、四川、云南三省。那时候，在我国的西南地区，有四川，也有云南，但就是没有贵州。直至明洪武十五年（1382 年），很可能是在沈万三已经来到天龙屯堡之后，才设置了作为军事机构的贵州都指挥使司，不过，这个时候的“贵州”仍不是一个与云南并列的省级行政区。一直要等到永乐十一年（1413 年），明王朝正式设立贵州承宣布政使司，贵州才正式建省，成为全国 13 个行省之一。这就是说，作为一个军事管辖区概念的贵州，很可能始于 1382 年。至于作为一个行政区与四川、云南并称的贵州，还要等到 15 世纪初期才浮出水面。可见，明朝初年作为沈万三流放地的“云南”，其实包括了今日的贵阳地区。贵阳附近的天龙屯堡留有“沈万三故居”，也就可以理解了。

在挂着“沈万三故居”匾额的院落里，至今仍有人居住。我向他们打听沈万三，回答是不甚清楚。在沈万三故居旁边的另一个古旧院落里，有一个中年男人在洗衣做饭。他很健谈，他告诉我，他姓沈，他就是沈万三的后代，沈万三的故居确实就在此地。至于沈万三在此地居住了多长时间，最后死在何处，他就不得而知了。

四

在沈万三之后，与贵阳结缘的更有名、影响更大的人物是王守仁。王守仁字伯安，世人一般称其为阳明先生。阳明先生是浙江余姚人，依公历计算，生于 1472 年 10 月 31 日，卒于 1529 年 1 月 9 日，享年 56 岁。虽非高寿，却泽被甚远。

沈万三是物质世界的商人，王阳明是精神世界的哲人。从 16 世纪开始，王阳明开创的阳明学或王学，在中国思想史上激荡了数百年，席卷了整个东方文明世界。以我个人的偏见，在心灵境界与精神高度上，可以与王阳明比肩的中国人，或许只有庄子与慧能。然而，较之于庄子的道、慧能的禅，王阳明却是儒、道、禅兼修，知行合一，既讲学，又理政，还治军；既立言，又立德，还立功，在我的座次表上，堪称中国圣贤的最高典范。然而，倘若要叙述王阳明从常人转向圣贤的标志性事件，就必须把目光投向贵阳附近的龙场驿。

王阳明是如何走向龙场的呢？且看黄宗羲的《明儒学案》提供的答案：王阳明“登弘治己未（1499）进士第，授刑部主事，改兵部。逆（刘）瑾矫旨逮南京科道科，先生抗疏救之，下诏狱，廷杖四十，谪贵州龙场驿丞。瑾遣人迹而加害，先生托水脱去，得至龙场”。

此时的龙场，虽然已经正式归属于贵州，在正式制度上或许不再属于化外之地，但就文化层面而言，依然近似于蛮荒。据《论语·子罕》篇，孔子曾经打算移居“九夷”，别人劝阻他：“陋，如之何？”孔子答以“君子居之，何陋之有”，似乎掷地有声，但回顾孔子的一生，并没有在“九夷”居住的经历。然而，孔子临时兴起的“欲居九夷”的念头，王阳明却实实在在地体验了一回——虽然是被动的、被迫的。从华夏文明的中心地带来到龙场，给王阳明带来的文化上的跌落感，可想而知。

迁延至1508年的春天，按照《王阳明年谱》的叙述，当时“瑾患未已”，身居龙场的王阳明“自计得失荣辱皆能超脱，惟生死一念尚觉未化，乃为石墩，自誓曰：‘吾惟俟命而已！’日夜端居澄默，以求静一；久之，胸中洒洒。而从者皆病，自析薪取水作糜饲之；又恐其怀抑郁，则与歌诗；又不悦，复调越曲，杂以诙笑，始能忘其为疾病夷狄患难也。因念：‘圣人处此，更有何物？’忽中夜大悟格物致知之旨，寤寐中若有人语之者，不觉呼跃，从者皆惊。始知圣人之道，吾性自足，向之求理于事物者误也。乃以默记《五经》之言证之，莫不吻合。因著《五经臆说》。”

这段生动传神的文字，记录了一个哲人的顿悟，也标志着阳明学作为一个学派的初生。在此之前的王阳明，一直都在准备，在铺垫，在积累，在孕育；1508年的龙场悟道，才是出发，才是起飞，才是喷薄而出，才是横空出世。简而言之，后来波澜壮阔的阳明心学，最直接的源头就应当追溯至龙场这个偏僻的黔中小镇。从一定意义上说，龙场堪称阳明心学的圣地；

只要是阳明学的信徒，都应当前往参拜。即使在当代，倘若要展开对贵阳的学术访问，最应当访问的地方其实也是龙场。在贵阳的学术思想史上，1508 年的龙场也许是最耀眼的地方，从那里闪耀出来的光芒，至今仍辉映在无数人的心境里。那地方在贵阳以北，距贵阳市区大约 30 公里。

五

王阳明对 16 世纪以后的中国思想文化产生了至为深刻的影响，在日本、韩国也受到广泛的推崇。阳明学到底好在哪里，为什么具有那么大的魅力，以至于可以俘获千万人的心智？这个问题，当然不是几句话就可以解释清楚的，但也不妨一言以蔽之：阳明学的优长之处，就在于它是把儒家、道家、佛家融会贯通的产物，是对此前的优质文化遗产的最有效的继承与整合，足以代表 16 世纪中国精神文明的最高峰。正是由于这个缘故，五百年来，服膺阳明学的政治家、思想家、士人、农人、商人，以及其他各色人等，可谓史不绝书。可是，今天的贵阳还有阳明学的物质化的载体吗？回答是肯定的，那就是今人蒋庆在龙场故地创办的阳明精舍。

阳明精舍也在龙场。精舍既冠以阳明先生之名号，显然有接续一代大儒之宏愿。作为一家新式书院，阳明精舍的未来命运如何，还不好妄下断语。但是，作为当代新儒家的一个标志，在王阳明悟道之地兴建的阳明精舍，可以说是当代贵阳的一个不可多得的学术符号。

作为阳明精舍的山长，蒋庆早年侧身于法学，现在则以新儒家代表人物的身份享誉海内外，且在当代新儒家群体中独树一帜。他所树立起来的旗帜就是政治儒学。蒋庆所说的政治儒学，是根据他对儒家、儒学的划分而提出来的。政治儒学的对立面是心性儒学。在蒋庆看来，两千年的中国儒学偏重于心性儒学。心性儒学固然不错，譬如孟子之学、朱子之学、王子之学，都是益人神智之学。但是，政治儒学更重要，更值得弘扬。所谓政治儒学，即为面向政治的儒学。在蒋庆看来，孔子之后的荀子之学，侧重于政治制度，是政治儒学的重镇。荀子之后的董仲舒及其《春秋繁露》，更是政治儒学的经典。隋唐之际的文中子，亦可归属于政治儒学。

蒋庆的论著强调政治儒学，其实他同样看重心性儒学。依我的看法，对当代及未来的中国人而言，心性儒学也许具有更强的生命力。因为，心性儒学可以较妥帖地安顿中国人的精神世界、彼岸世界。思孟之学、阳明之学，对于历代中国人来说，不是宗教，胜似宗教。心性儒学一半是哲学，一半是宗教，因而具有恒久的价值，不容易过时（蒋庆在言说中反复强调的信仰，其实就是一种宗教性的情感）。至于政治儒学，亦即儒家设想的政治制度，在当下的世界格局中，能否产生实质性的规范作用，还面临着更大的挑战和更多的不确定性；根据两千年前的政治儒学文献来设计未来中国的政治制度，乌托邦的色彩更为浓厚。

阳明精舍自20世纪90年代初建以来，在将近20年的时间里，已经产生了很大的影响。全国各地的学人，以及海外学人，还有其他人，纷纷走向这个新式书院，在这里研习儒学，讨论王道政治与生命信仰。蒋庆本人的《政治儒学》《公羊学引论》《以善致善：蒋庆与盛洪对话》等等，亦成为了当代新儒学的代表性著作。

如何评价蒋庆的新儒家学说，不是本文的任务，但蒋庆的新儒学至少代表了当代中国的一种声音。蒋庆及其创办的阳明精舍，让贵阳在当代中国的思想文化地图中占据了一席之地。因此，对贵阳的学术访问，蒋庆的阳明精舍可以作为最后一站。

“文革”期间狱中的刑法学家杨兆龙

郝铁川 *

杨兆龙，上个世纪30年代美国哈佛大学法学博士，曾任“北朝阳”“南东吴”两所法学院的教授，国际刑法学会副会长和中国刑法学会会长。解放前夕在南京地下党的鼓动下担任了民国政府末任最高检察长，按照地下党的要求，在任上释放了数万名包括地下党员在内的所谓“政治犯”。他拒绝跟随国民党到台湾，也放弃到国外大学任教的机会，响应地下党的号召留在了新中国。解放后曾得到董必武同志的关照，担任过东吴法学院院长，后来担任复旦大学教授。1957年因呼吁制定民、刑法典等被错划为“右派”，1963年又以莫须有的“现行反革命罪”被逮捕，在关押了8年之后的1971年，终以“历史反革命及叛国投敌罪”被判处无期徒刑。1975年因中央对在押的国民党县团级以上人员予以特赦而出狱。1979年含冤去世。1980年上海市高院宣告其无罪，撤销原判，恢复名誉，发还家产。

一个曾经身为国际刑法学会副会长、中国刑法学会会长、中国比较法学会会长的著名刑法学家，杨兆龙是怎样以一个囚徒的身份度过那段铁窗生涯的？我多年来一直在关注这方面的史料，如今知道如下二三：

第一，狱中的杨兆龙十分渴望能有机会减刑出狱，回到亲人身边。

杨兆龙的女儿杨黎明回忆说：

> “1973年9月25日，我接到弟弟的来信，说他即将刑满释放。我想，父亲也应该判决了，总不能一直关在看守所不判决。遂致信提篮桥监狱，问及我父亲是否判决，为何不见来信？希望狱方

* 作者为上海文史馆馆长。

给予服刑犯人应有之接见权；作为家属亦有接济与敦促其改造之义务。几天后，突然接到父亲来函，要求我去沪接见。父亲果然在提篮桥。

我立即带着女儿动身赴沪。接见日那天，我看到父亲穿着我寄去的新棉袄新棉大衣新鞋新棉帽，围了一条白毛巾。我急忙跑过去，父亲已经老泪纵横，泣不成声。他只说：‘判我无期啊！我们见不了面啦！’我强自镇定地说：‘爸爸，党的政策是活的，你如果表现得好，会减刑的！’

我女儿细声细气地叫‘外公’，父亲自然地伸出手，但遇到了隔栏，父亲又哭了。他接着问我：‘你妈妈呢？’‘在我处。（实际上已在“文革”期间自杀）’‘松年、小宝呢？（即我的哥哥和弟弟）’‘都好！（实际上一个被劳教，一个在服刑）’‘家里的东西呢？’‘都在我处。（实际上被查抄）’‘陆锦碧（即我的丈夫）在哪里？’‘他很远，所以不能来。（实际上在青海服刑）’父亲又哭着摇头：‘无期啊！’我说：你要有信心啊！’‘时间到了！’管教们在喊了。父亲无奈地站起，泪流满面地回去，我望着他，他也频频回首。”

另据与杨兆龙关在一起的复旦大学物理系学生李梧龄后来在网上发表的《不堪回首》一书透露，杨兆龙当时写过一些迎合时政的文章，目的是争取机会减刑：

“我遇见他时，他已很衰老了。是因为心脏病住在八号间里。他天天在写东西，我问他写什么？他说写歌颂秦始皇的文章。我就大不以为然，问他难道真认为秦始皇值得歌颂吗？他说当然不是。那我就说你又何苦破坏自己的一身名誉呢？他说：‘任何在强制的条件下写的东西，在法律上都是无效的。我已判了无期徒刑，只有这一条路可争取了。’”

第二，杨兆龙在狱中惨遭辱骂、毒打和反铐。

杨黎明第二次去探监时，遇到了另一位探监者，他是杨先生在复旦大学任教时的学生，他告诉杨黎明："我是复旦大学的，是你父亲的学生。我是来看我的儿子的。他 18 岁，因反革命罪判 15 年。我儿子偷偷告诉我，你父亲和他一个组，老人家吃了不少苦。""什么苦？""反铐！长时间的反铐。"

还有一位同监者后来向杨黎明透露，杨兆龙狱中说过"罢黜刘少奇的国家主席是违宪的"，因此惨遭辱骂、毒打、长时间反铐。

1975 年杨兆龙被特赦释放后，女儿杨黎明曾问父亲："你在里面被打过吗？"他泪流满面地摇摇头伸出自己的手腕，那上面有累累疤痕。并说："国庆节时叫大家写诗歌颂毛主席，我写的是五言律诗，他们看不懂，一个干部就说我攻击毛主席，脱下他的鞋子连抽了我三十几耳光。"此时，他哭倒在床上。

杨兆龙在狱中没有揭发任何人。

杨黎明告诉笔者，她的一位朋友因课题研究之需，曾征得有关方面同意，看了杨兆龙的狱中档案。他说："所有的材料中，只有杨先生最实事求是，另外的那些人都胡乱咬人，唉！人怎么会变成这样啊！"还有一位复旦大学法学院的王教授也说："我看了杨先生的档案后，觉得他真是个好人；因为他写的材料中从不伤害人，而且总是从保护或帮忙的角度来写，这真是不容易啊！"

《麦田里的守望者》里有这样一句话："一个成熟男子的标志，是他愿意为某种事业卑贱地活着。"杨兆龙是一个真性情的人，他热爱生命和家人，在守住良知底线的前提下，积极争取能够减刑、和家人团聚的机会。他在狱中的这句话最值得人们品味："任何在强制的条件下写的东西，在法律上都是无效的。"

秦人风骨焦易堂：身兼国医馆馆长的最高法院院长

刘昕杰 *

焦易堂出生于陕西武功河道村，早年加入同盟会，投身革命，当选第一届参议院议员。袁世凯曾以六万金贿赂，遭焦易堂拒绝。随后袁世凯毁约法，并抓捕多名国民党议员，焦易堂打扮成商人逃脱，跟随孙中山并致力华北的革命宣传。后来曹锟贿选，担心焦易堂等人反对，派人以十万金为条件请焦易堂出国考察，焦易堂驳斥，“焦某岂阿堵物能动者”。国民党北伐时，焦易堂任革命军宣慰使，在陕西和河南境内对北方军队进行宣传策反，联络樊钟秀、冯玉祥等人应援革命军。国民政府成立后，他先后历任一至四届立法院立法委员，兼任法制委员会委员长。

因为长期担任立法院法制委员会长，所以民国各项法制的草创，焦易堂多躬与其事，颇具好评，但有一次因为文字的疏忽，造成社会争议。1922 年 10 月 31 日，立法院通过的刑法草案第 239 条规定：“有夫之妇与人通奸者，处一年以下有期徒刑，相奸者亦同。”此条文一经公布，全国各大妇女权益团体纷纷指责立法院歧视女性，不尊重男女平等。对妇女团体的意见，法学界人士大多反对，王宠惠认为刑法应尊重现实，当时有三成男性纳妾，如果将犯罪主体扩及有妇之夫，则这些男士均可能成为犯罪主体，法不责众，该刑法将无法施行。傅秉常则认为，因为相奸者同罪，则有妇之夫嫖娼会使娼妓入罪，对弱者不利。当妇女界代表找到焦易堂时，焦易堂满脸惊讶，并未觉得该条文何处不符合男女平等原则，他认为既然条文规定了通奸行为的男女双方都遭到处罚，不就正好体现了男女平等原则吗？妇女代表反复解释，该条文的关键是只处罚有夫之妇，而将有妇之夫排除在了通奸之外。

---

* 作者为四川大学法学院副教授。

焦易堂这才明白过来这个习惯表述带来的法律漏洞，于是不顾一些法学家的反对，主导立法院按照妇女界的意见进行了修订，将通奸罪的主体修改为“有配偶与人通奸者”，该条文修改成为民国女权运动的标志性事件。

法制未及推进，日寇便大举侵华。焦易堂不仅在立法院从事法律制定，还以党国要员身份坚决抗日。面对国土的沦丧，焦易堂忧心忡忡，他在一次立法院总理纪念周的演讲上呼吁，抗日战争不能只讲“抵抗、抵抗”，而要讲“收复失地”。因为抵抗是被动的，“人家打到辽宁，我们在黑龙江抵抗，人家打到热河，我们在河北抵抗。假如人家今后打到河北，我们岂不是要到河南抵抗？”“要把抗战的口号改为收复失地，中国的战争斗志才会提起来，民族才有希望。”

焦易堂把抗战不利归因于中国人文化自信的丧失，他在广东教育学会上发言，“自新文化运动以来，学生们不喜欢看中国历史，喜欢西洋史，不喜欢文言文，喜欢不问，甚至不讲中国话，只讲英国话，这是崇拜洋人的结果，由崇拜再进一步便是怕外人了，所以庚子以前，中国的民族思想很发达，对于外来的压力，很能反抗，庚子以后，我们便崇拜洋人，惧怕洋人了”。

当时国人对西洋的崇拜表现在医学方面便是一面倒地否定中医，焦易堂联合冯玉祥、邹鲁、李宗黄、张继、孔祥熙等党国元老，在国民党中央会议上领衔提出中医进入教育学制系统以办中医学校案和中西医平等待遇案，要求教育部将中医纳入教育体制，设立中医学校，在卫生系统中西医并用，中央财政对中医倾斜。焦易堂主导并促成立法院议决通过《中医条例》，并创立国医馆扶持中医发展，此后他一直担任中央国医馆馆长。焦易堂以对中国文化和中华医学几近痴迷的精神，致力于中医的保存和复兴。中医在推崇科学精神的近代风潮中得以保存，焦易堂功不可没。

1935年焦易堂受命担任最高法院院长。此时，淞沪会战失利，国民政府迁都重庆，最高法院的人员和物品也乘船先到了武汉。当时武汉被日机轰炸，人心惶惶，部下劝焦先去重庆，法院卷宗等物品随后以另船赴渝。焦易堂说：“法院之有卷宗，犹部队之有士兵，部队无士兵，不能作战，法院无卷宗，何以理案。”他认为卷宗关系人民权益甚大，事关最高法院院长职责，执意不走，一直等到法院的所有卷宗都搬运上轮船，才离开武汉。

最高法院迁到重庆后，为了便利上海周边的法律审理，设立了上海分庭，当时风传日本与汪伪政权将武力接收法庭，庭长翁敬棠准备遣散人员，焦易堂得知后电令众人谨守岗位，维系法统，不得自行解散。在焦易堂的坚持下，国民政府最高法院上海分庭在敌伪的注视下一直坚持到珍珠港事件才迁至福州。

日军轰炸重庆期间，焦易堂组织法院部署至防空洞躲避，每次警报拉响后，他都亲自维持秩序，等待部下全部进入防空洞后自己再尾随而入，一次空袭中，焦易堂最后入洞，流弹炸开其二尺外的石壁，惊险异常。

淮海战役后，焦易堂随国民党迁到上海，他认为东南无险可守，主张确保西北、屏障西南，于是自行回到陕西、呼吁备战，西安解放后又逃到皋兰，宝鸡解放后，又撤到西宁，兰州解放后，他又乘坐大卡车从张掖颠簸辗转到酒泉，赶上飞机飞到成都，很快川省解放他又随后侧军队逃到海南，环绕了大半个中国。在海南他碰到陆匡文，两人感怀党国大厦将倾，抱头痛哭。于右任说他是“万里奔驰，只余涕泪”。焦易堂逃回台湾，忧心复兴大业，积劳成疾，在病中虽然安慰家人，称“我死在台湾，极甘心，望努力”，但内心深处无时不刻不忘收复大陆，他在遗嘱中告诫子女“他日北定中原，家祭勿忘相告”。

对国民党的腐败，焦易堂痛心疾首，对光复大业前途的黯淡，他也心知肚明，但他从反清、反袁、北伐、建国、抗日到反共迁台，一直忠实地执行国民党的政策，可谓尽心竭力。晚年他在夫人面前哀叹自己的生平，坦言“生为国民党人，所持以报党国者，唯此一片愚忠耳”。元好问有言，“关中风土完厚，人质直而尚义，风声习气，歌谣慷慨，且有秦汉之旧”，顾亭林也谓“秦人慕经学，重处士，持清议，实他邦所少”。这一“陕西精神”或可诠释焦易堂对于中华民族和中国文化的痴爱和对国民党的“愚忠”吧。

读熊秉元读波斯纳

沈云樵 *

熊秉元教授是法律经济学名家，他将美国法学名宿理查德 · A. 波斯纳（Richard A. Posner）读透彻了，遂悟了波斯纳的道。然后他写出了一系列有感而发的作品，其中一篇的名字叫做《波斯纳的锯子》（发表于《读书》2014 年第 9 期，以下简称熊文）。熊氏果然是法律经济分析中的高手，三言两语即窥破波氏数十年写作秘笈。波氏若在美国有知，不知作何感想呢？

我读完熊文后，有感而发，准备写一篇读完熊文后的感想的作业。这在内地叫做“读后感”，为我们 70 后最为熟悉的文体。因此我这篇短文的名称，按理说应当仁不让就叫做《读熊秉元〈波斯纳的锯子〉有感》，这类为大家喜闻乐见的名字，不似熊文般让人产生丰富联想。

我读完熊文，就陷入了困惑。你看，熊读波氏，我读熊读波氏，熊读我读熊读波氏。写者的主体性被消解了，形成叙事中的他者。上述概括明显受到香港小朋友、春田花花幼稚园的麦兜小同学的妈妈麦太的影响，她有一道名菜，叫“包鸡纸 包 鸡包纸 包鸡”，灵感来源于“纸包鸡”。

既然熊氏不吝惜他读波氏的独家心得，我读熊氏的独家心得，也只好拿出来分享——算是发扬熊氏乐于分享的风格。简要来说，熊文的分析技巧有二。第一是熊氏的独家方法，我称之为“情景回溯法”。熊文称波氏经常采取的特殊笔法，可以称为“锯齿般”或“锯子般”或“跷跷板式”(see-saw approach) 的论述方式。熊文的发现可以传世。而我对熊氏著述的概括功力太浅，可能还不够准确，难称经典。

“情景回溯法”的要义之一是反复申明自己“价值无涉”（value-free）

* 作者为澳门科技大学法学院助理教授。

之立场，获取受众最大程度上的方法论认同。因为内地法学者太喜欢方法论了，你方法论不对，就是没有“合法性”。这也体现在熊氏讲座时的著名开场白“让证据说话”。不管是写文章，还是演讲，当熊氏判断出受众已经开始对其论述疑窦渐生时——这不奇怪，熊氏论述在传统法学者那里可谓电光石火，具有极强冲击力——熊氏会适时将其拉回论题的场域中。这种拉回是反复进行的，这是“情景回溯法”要义之二。你若玩过陀螺，就知道陀螺在离心力的作用下会有离开你的冲动，待适时抽打、循环反复，就可以将其拉回身边。因此，“情景回溯法”也可以称之为“抽陀螺法”，可以让受众在感受力的一放一收、一松一紧中，形成从感性认识到理性认识的升华（像高手手中的陀螺，越转越快）。

那么，我要判断熊氏说波斯纳，说得对不对，就不能只看熊文，要看原始文献，否则就不是“让证据说话”。先看一段熊文中的原文。

> 锯齿式的论述，基本上是如此展现：对于某一主题，波氏会先阐明一个立场，据理力陈。而后，冷不然，波氏话锋一转:“但是”“然而”“不过”“当然，也未必”（英文常用的是 however，或其他的转折语，如 but)。然后，对于完全相反的立场，再步步为营，陈明原委。读者正暗暗击节称赞叫好时，波氏笔锋再变。又是“当然，也未必”；回到原先的立场上，作更深的剖析。思虑更为周密，推理更为曲折。读者自叹弗如，正准备彻底缴械；谁知道，再一次，“当然，也未必”……

我以前读波氏的书可没有读这么细。随手一翻，果然发现如下文字：

> 但是，正义并不仅仅限于具有效率的含义……但是，所有这些都冒犯了现代美国人的正义观，而且……但许多得不到解释……

以上文字来自于波氏在大陆流传最广的一本译著《法律的经济分析》（蒋兆康译，法律出版社 2012 年版）。波氏对法经济学情有独钟，又恨作冯妇，常常语出惊人，为美国联邦最高法院所不喜。而学术界、实务界对其“周期性”质疑也铺天盖地而来，波氏“效率是最大的公平”之立场首当其冲。因此有了波氏的上述回应。

有意思的是，熊文中竟然有一段采用波氏笔法的文字，而且竟然被我找了出来。文字如下：

> 当然，也未必——经济分析的行为理论，就是……然而，也未必——经济分析的行为理论，是对人的行为作平实精确的……然而，也未必——以小见大，锯齿式思维/论述，不只是……而且，就群体或社会整体而言……

第二，“一根经法”。这是我概括的，有知识产权，而且没有贬义。如果你看过金庸的《射雕英雄传》，就知道最厉害的武术高手，最后都到了“一根经”的化境，比如周伯通。“一根经法”要义：思维发散，而工具唯一。浙大法律与经济研究中心官网首页上的一句话震撼了我：“对公平正义的追求，不能无视于代价！”这句话原文为：The demand for justice is not independent of its price。不知语出何典，但确实是波氏法经济学思想的最集中体现。熊氏在华人经济学界与张五常、黄有光、林行止齐名，荣膺“巨侠”。像张五常一样，熊氏也很擅于将经济学简单化，张把经济理论简化到只剩需求定律，而熊则简化到只剩下成本收益分析。官网上的话即为明证，而熊文算是一个脚注。熊氏善于从各个学科的理论中汲取有用知识，但知而不用，在分析法律问题时，熊氏有将成本收益分析法贯彻到底的决心和毅力，他在多种场合否认成本收益分析法的局限性或失灵，否认传统法律学者所谓的不同学科、不同价值间的“不可通约性”（incommensurability）。看来，熊氏决意要将加里·S. 贝克尔（Gary S. Becker）的经济学帝国主义在东方发扬光大了。

通常，在学院派那里，上述熊氏的方法可能会被称之为“苏格拉底法”。但做经济学的，多不喜“黑板经济学”，可能也不会喜欢学院派。熊氏和张五常一样擅长细微经济现象的分析，张是车间经济学，而熊是巷间经济学。但是熊横跨法学和经济学，而且热衷于推广法经济学，这一功力张没有。熊氏广结朋友，与人为善，这一点和波氏不同。当然，熊氏并非不擅批评，只是他的方法还是东方式的。

熊文也如是。熊氏曾说，不要“对着稻草人打空拳”。写文章要立场鲜明，有理有据。熊文中看似信手拈来的材料，都来自波氏著作，看似无奇，实为天人。这符合评述学术作品的首要条件，即以严谨对严谨。

但是，如果我们仅仅把熊文当成书评或“经济散文”，则未免浪费了。熊文无疑是经济学向法经济学致敬的雄文，以波氏为样本，以经济分析为工具，而最终登上了别人——法学？——的山顶。我想起一句话：“当科学家们历尽千辛攀登上真理的顶峰时，却发现神学家们早已在那里等待了几千年。”如果在法学的殿堂里有一场盛会，你发现经济学家没有来，那么记住，他只是在来的路上。

法律即生活
——听史老师讲故事

刘　晶*

翻看《孟德斯鸠错了？》的参考文献，其出处大抵不过两类：《论自由》《论法的精神》《论平等》这类让人望而生畏的经典著作，以及《北京晚报》《手机早（晚）报》《读者》这类茶余饭后消食儿的报纸杂志。

呵，这才是用思想讲故事!

一

见他之前，我着实犹豫了一番：面对这样一位法律思想史学者、这样一位法理学研究者，我找不准切入点。不知如何才能说明白“从法律思想和法理学的角度写点儿大家都能理解、都能看得懂的文章”这件事儿。

初见史老师，他给了我两份资料：一份是给硕士生开的书单，密密麻麻，打印了三页；一份是刊有他的文章的《法学家茶座》，娓娓道来，每期都小心地留着。他说，你看，我要求学生要多看这些书，不都是法学专业的，却是开阔视野和思路所必需的；他又说，你看看我在“茶座”上的这些文章，据说，反响还不错，好几篇都被《检察日报》《律师文摘》这些报刊转载了，哈哈。

现在想来，所谓厚积而薄发，甚或润物无声，可不就是这般水到渠成么。

交稿之后的第二天，他就打来电话，问我：怎么样？稿子没问题吧？我看着动也没动的书稿说：史老师，您怎么也得给我一周的时间啊。他说：好。好。不急。不急。

---

* 作者为清华大学出版社编辑。

本书呈现给读者的，是一个广角式的人类法律文明大舞台——20多个国家的思想家、法官、官员以及普通公民，正通过160多则经典故事、事例和判决，扮演着悲喜剧中的角色，从正反两方面认真讲述这样的道理：自由和平等是法治的两大目标，所以立法者须尊重人性，司法者要秉持良心，守法者应依循理性。

不曾想，从翻开第一页，到最后看完，只用了一天的时间，这一天的感觉，叫做欲罢不能。我一度为之激动：这才是大法学应有的魅力！法律那么美，思想那么美，为什么非要把她束在象牙塔里？当法律高傲到只有精英才可以触其一二的时候，她便没有生命，没有灵魂了。她的美在于人人都可以感受得到规则的无处不在，在于人人都可以享受得起她的庇护所带来的内心的安宁。让法律走下神坛，给老百姓讲讲法律那些事儿，不是挺好的么？

我曾向史老师抱怨：在学校读书的时候一点儿也不喜欢法理，总觉得好好的法理被搞得生硬了，天天让人背诵：什么是法律？什么是权利，什么是义务？这样背下去，留在我们脑子里的，会是美好的么？倒是参加工作了，从另外的角度审视法律的时候，才发现法理和思想的另面之美。

史老师不嫌我浅陋，慢悠悠地拖着他特有的半长音解释着：这不怪你们，现在的教材和有些老师，是会用这种方式来给学生灌输这些理念，这种现象呢，肯定需要改变。

我相信这不仅仅是简单的客套，在他一篇篇的故事中，诸君可以感受：

这些故事中，有“独步时尚潮流，不敛个性锋芒。以不循常的酷峻气质，辉映你的激扬人生”的广告词儿，有始兴农民驯服野猪的新闻，还有武警清除口香糖、英国发烧友开坦克购物逛街的图片。能说这不是生活？在这些故事背后，引出的是自由平等、立法、司法、守法的讨论。能说这不是法律？

“啊？什么，真有这事？

的确如此，而且还不止一次！

不过，要说起来话有点儿长，得从古希腊那儿开始。

在人类社会的早期，要想修改法律，不像今天这样稀松平常。古希腊人太死心眼了，偏好于法律的稳定性……”

“在外国，有些法官觉得案子要是按寻常路子判下去，四平八稳没得说，可明摆着效果又是相当地一般。因此，他们不愿应付了事，偏要独辟其径，搞出点儿新名堂来。于是，人类司法领域里涌现出了不少的个性化裁决。

我一直有个梦想，就是哪天能和这样的判官切磋交流一下。为了不致误读和曲解人家的匠心独运，在这里先试着给出点儿不成熟的点评（借用当下开会演讲的时髦做法），敬请今天到场的国内诸位读者朋友把把关……”

谁能想到他后面要和我们唠些啥？唯有沿着这些家长里短听他讲下去，末了，才会幡然发现，隐藏在其中的，是有关法律的思想和魂，不漏声色，不着痕迹。

由此，再想想法律怎么才能走进生活。是不是大家都“应该”具备的“法律意识”成了不自觉的“下意识”的时候，“法治”这档子事儿，才算修得圆满？

二

许章润教授《一份老老实实的“参考文献”》一文中，有这样的记述：在史彤彪教授《自然法思想对西方法律文明的影响》的“参考文献”部分，只有“工具书”“中文著作与论文”和“中文译注”三部分，在当下的学界，偏偏是这个老史，半生治西学，以西洋法律思想史为业，参考文献中却不叫半部原版西文著作……作者实际等于坦承……老史不想做假，坦荡荡，我们至少应该为他的学术诚实鼓掌！幸运的是，这居然是我识他的开始。

史老师的坦承温和，一如其文。

每次去学校找他，不在办公室就在知行楼下的书店，甚至不用提前预约。说书稿的时候，常在法学院 6 层的咖啡厅。人多的时候，我们就去最角落的被书架挡住的圆桌。他说：咱不烦别人，也别让他们打扰咱们！人少的时候，我们占据旁边的 6 人方桌，他把书稿整齐地摊开，再码放齐整，还念叨着：咱也别委屈了自己。

史老师有自己的世界，却也不委屈内心的坚持。自己的这些故事，他的珍重使得旁人更加不敢怠慢半分：

书稿若干脚注中的文献距现在时间已经久远，甚至好多期刊杂志现在已经找不到了。但是核对清样的时候，他没说二话，从头到尾，自己又查了一遍！甚至早已不见影儿的报纸的日期和版面，都补充完整！有一天我去他办公室，他挓挲两只黑乎乎的手说，你自己坐吧，我刚去图书馆了，找到刊登那篇文章的报纸了。我自己搬得梯子，从上面的架子上找到的，哈哈。

书稿开印前，我让史老师给自己的书签题字，当时他说要写“有书为伴，乐在其中”，还说，等我喝上二两，酝酿酝酿情绪再写。过了几天，他拿出提在书签上的字，说，你看，我写了这句：“有书陪着慢慢变老，乐在其中。史彤彪。”又说：我的名字，我父亲告诉我的，说我的名字可以这么写。之后史老师又拿出另一幅字：“谨以此书献给敬爱的父亲史有书先生（92 岁）和母亲刘美霞女士（72 岁）。诚愿二老在天堂幸福无忧！”这幅字，依旧是手写。

史老师说，我从没有称我父亲为“先生”。

书如其人，人如其书。思想之美，灵魂之美，在乎人性之间。法律之美，在乎人类的良心。

司法判例制度的源流与演变

——“司法判例制度比较研讨会”侧记

王 燃* 张晓敏*

由中国人民大学普通法中心、英中协会、中国行为法学会法律语言文化研究会联合主办的“司法判例制度比较研讨会”，于2014年12月17日上午在中国人民大学明德法学楼601国际报告厅隆重举行。本次研讨会由中国人民大学的普通法中心主任何家弘教授与中国人民大学法学院副院长时延安教授主持，有幸邀请到来自英国最高法院的罗杰·图尔森大法官（Lord Roger Grenfell Toulson）、伦敦司法学院裁判庭培训主任杰里米·库博教授（Jeremy Cooper）、伦敦艾斯沃斯皇家刑事法院法官、司法学院导师法官马丁·埃德蒙兹（Martin Edmunds）和治安法院地区法官大卫·罗宾逊（David Robinson）共同参加。此外，清华大学法学院的王晨光教授和张卫平教授、北京大学法学院的梁根林教授、北京师范大学法学院的黄风教授、北京理工大学法学院的徐昕教授、德恒律师事务所的李贵方主任，以及中国人民大学法学院的韩大元院长、朱景文教授、张志铭教授、赵晓耕教授、黄京平教授、冯军教授、朱岩教授、刘品新教授等都参加了本次研讨会。法学大家们济济一堂，虽然研究领域各有不同，但这并不影响学者们对司法判例制度的独到见解，他们从不同角度分享了对于司法判例制度的研究成果，献上了一场关于司法判例主题的学术盛宴。

他山之石：司法判例制度的域外介绍

域外的国家司法判例制度是本次研讨会的重点之一。其实除了英美法

* 作者均为中国人民大学法学院博士研究生。

系有司法判例的传统外，大陆法系的德国、意大利以及日本等国，都有着各具特色的司法判例制度，判例在大陆法系不具有法律渊源的地位，但在司法实践中仍然发挥着重要作用。

冯军教授首先介绍了德国的司法判例制度，判例在德国司法实践中具有很强的事实拘束力，不仅为法官判决所援引，也为众多的法学院校、学者们所研习。黄风教授向大家介绍了意大利的司法判例制度，作为大陆法系国家，意大利同样没有传统意义上的司法判例制度，即使是其最高法院的判例也不具有法律约束力，但意大利宪法法院的判例是个例外，不仅具有很强的法律拘束力，甚至能够改变法律条文的效力。张卫平教授则介绍了日本的司法判例制度，在日本判例不是一种法律渊源，但某些情况下背离司法判例可以作为提起上诉的理由。此外，日本的司法判例必须与特定案情相结合时才具有实际的意义。张卫平教授还特别指出，日本的经验或许对当前中国司法判例制度的建立更具有实际的借鉴意义。

判例制度起源于英国，判例法一直是其主要法律渊源，但实际上英国判例法与成文法的联系也越来越紧密。罗杰·图尔森大法官指出，在英国法律渊源实际来源于两部分——立法和法官造法，在立法没有涉及的问题上，法院在必要的时候会根据社会的变化去发展法律。马丁·埃德蒙兹法官也认为判例法和成文法在发展过程中起到互相促进的作用，判例法的某些内容在适用的过程中会被成文法所吸收，判例法促进成文法规的生成，成文法规又推动判例法发展。此外，法官、学者们还对英国的司法判例及相关司法制度做了进一步深入的介绍。例如，罗杰·图尔森大法官指明英国先例的核心内容是判决理由部分，一旦上级法院对某一问题已经作出判决，下级法院就必须接受上级法院判决的理由。马丁·埃德蒙兹法官介绍了英国治安法院的司法判例制度，治安法院的大部分案件不需要参考先例，可依法根据事实直接作出判决，仅少数案件需要援用判例。此外，杰里米·库博教授还介绍了英国裁判所（tribunals）的结构体系，裁判所的有些判决也会被最高法院确定为判例。

纵横博弈：司法判例制度的比较视野

比较法是研究司法判例制度的一个绝佳视野，会上学者们也从比较的角度探讨了古今中外司法判例的共性及差异，既有不同法系之间的横向博弈，也有古今法史的纵向比较。

中国现在的案例指导制度虽然对英美的司法判例体系有着诸多借鉴，但是本质上还是与之有区别的，我们并没有普通法意义上的司法判例制度。比较法领域专家朱景文教授从“遵循谁的先例？”和“遵循先例的哪一部分？”这两个问题出发，指出中国的案例指导制度与英国的判例制度的差异。王晨光教授也指出，虽然英美法系的司法判例制度为越来越多的大陆法系国家所借鉴引进，但这并不是全盘意义上的引进，判例可以在大陆法系内某个点上取得突破，但不会改变成文法原有的体系和原理。

中国现在还没有建立起完善的司法判例制度，但在历史的长河中，我们还是可以寻觅到判例的踪迹。法制史专家赵晓耕教授和马小红教授追本溯源，从悠久的中华法系长河中去考证司法判例制度。赵晓耕教授指出，中国古代类似于现代的判例已经有两千多年历史了，例如明清两朝出现的“通行”“陈案”等形式，就类似于我们今天的司法判例。马小红教授从法律语言角度指出“案”和“例”在中国古代是有区别的，“案”是自下而上从基层产生的，而“例”则是由中央自上而下统一发布的。朱岩教授则从大陆法系民法典的发展进程中去探寻司法判例，从孟德斯鸠到亚里士多德，司法判例也随着大陆法系民法典的发展而曲折前进，到现在两大法系的判例制度已开始逐渐趋于同化。

立足国情：司法判例制度的中国特色

纵横博弈、中外荟萃的司法判例制度是本次研讨会的亮点，无论是述古论今还是旁征博引，最后还是要回到建立我国司法判例制度的主题上，学者大家们纷纷对此畅谈了各自的观点。

对判例制度有着二十多年研究的张志铭教授总结了我国案例指导制度

的特点，案例编发主体只能是最高法院，案例遴选打破了法院的审级构造，既包括各省级法院生效判决，也包括基层法院的判决，案例的效力是“应当参照”等等。黄京平教授指出目前我国案例指导制度还存在出台的目的不清、法律效力模糊等问题，他还特别强调对检察机关所颁布的指导性案例也应当予以重视。梁根林教授也从不同的角度分析了我国案例指导制度存在的问题，现在的指导性案例不仅机能定位较为紊乱，运行空间也不足，案例素材的遴选还带有一定的主观随意性等。

与上述观点不同，徐昕教授、李贵方律师则对我国的案例指导制度持积极乐观的支持态度。徐昕教授十分看好我国的案例指导制度，认为我国司法判例制度的一个完善目标就是要提升司法判例的作用，使其逐渐成为一种法律渊源。李贵方律师提出要建立具有中国特色的司法判例制度，“特色”体现在：司法判例由最高法院发布；判例可以来源于下级法院，通过最高法院的加工改造后赋予其较高的层级效力；判例的援引既包括完整的判决，也可以只包括判决的某些部分。当然，建立中国特色的司法判例制度还有漫长的道路要走，我们需要一定的时间和耐心。

研讨会结束之际，中国人民大学法学院韩大元院长表达了对我国司法判例制度的美好愿景，虽然大陆法系和英美法系有着文化理念上的差异，但是人类法治经验都应该并且能够共享和借鉴。2015 年将是英国《大宪章》诞生八百年的纪念日，韩院长希望我们借此契机去共同思考当代人类法治发展的问题。同样，中国司法判例制度的何去何从，也是值得我们每一个法律人思考的问题。